*L'œil voit les choses de façon plus certaine
dans les rêves qu'il ne les voit par l'imagination
durant l'état d'éveil.*

LÉONARD DE VINCI

Rêves
prémonitoires

Quand le futur se dévoile

DANS LA MÊME COLLECTION

Guérir sans guerre – La guérison : une question d'harmonie,
Johanne Ledoux, 2000.

Dix règles pour réussir sa vie,
Chérie Carter-Scott, 2000.

S.O.S. Cauchemars – Techniques pour s'en libérer,
Brigitte Langevin, 2005.

Dirigée par Nicole Gratton, la collection ADVENIR propose
des pistes de réflexion, des clés et des outils pour une prise
en charge de sa vie, une réappropriation de sa santé,
celle du corps et celle de l'esprit.

Carole Fortin

Rêves
prémonitoires

Quand le futur se dévoile

PRÉFACE D'ERNEST GODIN
PSYCHOSOCIOLOGUE

ADVENIR

Flammarion
Québec

Catalogage avant publication de Bibliothèque et Archives Canada

Fortin, Carole
    Rêves prémonitoires : quand le futur se dévoile
    (Collection Advenir)
    Comprend des réf. bibliogr.
    ISBN 2-89077-287-X

    1. Rêves. 2. Précognition. I. Titre. II. Collection.

BF1092.F67 2005   135'.3   C2005-941162-7

Maquette de couverture : Olivier Lasser
Conception graphique et mise en pages : Andréa Joseph et Olivier Lasser

© 2005, Flammarion Québec

Tous droits réservés
ISBN 2-89077-287-X
Dépôt légal: 3e trimestre 2005

IMPRIMÉ AU CANADA

www.flammarion.qc.ca

À mes fils Philippe et François,
pour leur présence lumineuse dans ma vie
À Myriam, ma fille de cœur,
pour le chemin parcouru ensemble

Remerciements

Je désire exprimer ma profonde gratitude à Nicole Gratton, directrice de l'École de Rêves, pour son appui et son amitié. Elle est la sage-femme qui a rendu possible la naissance de ce premier livre.

Mes remerciements chaleureux s'adressent également aux animatrices de l'École de Rêves Nicole Gratton, pour leur intérêt et leur collaboration stimulante tout au long de la rédaction de ce livre. Un merci tout spécial à mes compagnes qui ont généreusement partagé leurs rêves prémonitoires : Nicole Gratton elle-même, Brigitte Langevin, Micheline Lapensée, Chantal Raymond, Francine Dorval et Christine Morency. Leur apport inestimable a contribué à enrichir ce livre.

Pour leur précieuse contribution, je suis également redevable à Claire Beausoleil, Danielle Beaulieu, Mariette Bélanger, Gervaise Drogue, Nancy Gagnon, Nathalie Jacob, Danielle L'Heureux, Renée-Louise Patout, Francine Poirier, Lucette Robert, Mireille Provost et toutes les autres personnes dont l'anonymat a été préservé. Leurs témoignages sont le cœur de ce livre.

Toute ma reconnaissance s'adresse aux lecteurs et lectrices qui ont apporté des commentaires constructifs à mon manuscrit avant sa publication. Ils m'ont permis de donner le meilleur de moi-même : François Champagne, mon premier lecteur, ainsi que Brigitte Langevin, Claire Beausoleil, Mireille Provost, Jocelyne Pelletier, Linda et Daniel Fortin.

Un merci du fond du cœur à François Champagne, un collaborateur hors pair. Son aide indéfectible et sa vision éclairée ont joué un rôle important tout au long de la rédaction de ce livre.

Je remercie tout spécialement ma famille, présente à chacune des étapes importantes de ma vie. Leur confiance en moi et leur encouragement m'ont donné des ailes. Un merci particulier à mon fils François, pour sa patience et son respect, lors des périodes intensives d'écriture.

Enfin, je m'incline devant tous les êtres innombrables qui ont peuplé ma vie depuis des temps immémoriaux et de qui j'ai tout appris.

Préface

J e suis psychologue clinicien et pratique depuis plus de trente ans. Lorsque Carole Fortin m'a invité à écrire la préface de son livre, ma réponse ne fut pas d'emblée un oui inconditionnel. Bien que curieux et ouvert, j'étais surtout prudent. S'agissait-il d'un autre livre rempli de clichés Nouvel Âge? Trop d'auteurs ont clamé à tout vent l'existence des phénomènes prémonitoires sans prendre appui sur l'observation et la rigueur d'une solide méthode scientifique. Quelle surprise agréable à la lecture du livre de Carole Fortin: elle avait bel et bien utilisé une approche descriptive étayée de cas solidement documentés.

Au hasard de ma pratique, j'ai été témoin de récits troublants de patients aux prises avec des expériences prémonitoires. Ma formation universitaire en sociologie et en psychologie et mes nombreuses années de perfectionnement professionnel en clinique ne m'avaient pas préparé à traiter les rêves prémonitoires et l'anxiété des personnes qui en étaient affligées, puisque la perception prémonitoire ne faisait pas l'objet d'un enseignement spécifique. Tous les phénomènes dits parapsychologiques étaient relégués au champ de l'ésotérisme et jugés sans intérêt scientifique. Cette attitude de déni n'aidait en rien à leur compréhension et contribuait à nous maintenir dans la pensée magique.

Aujourd'hui les rêves prémonitoires sont scientifiquement validés, mais les travaux les plus récents en neuropsychophysiologie du rêve n'arrivent pas à rendre compte précisément de leurs modalités. En revanche l'ouvrage de Carole Fortin a le mérite de nous introduire au phénomène des rêves prémonitoires. Sa démarche nous guide pour démêler le vrai du faux, le bon grain de l'ivraie. Son approche nous invite à aborder notre quotidien avec plus de sagesse. Je n'hésiterai pas à le suggérer à mes clients habités par la question de la prémonition.

L'homme est un songe, disent certains, et comme le pensent les bouddhistes, l'éveillé est celui qui réalise que la vie n'est qu'un rêve. Le regard que Carole Fortin nous propose de porter sur les rêves prémonitoires permet de nous approcher de cette sagesse.

ERNEST GODIN
Psychosociologue et psychologue clinicien

Introduction

« Oh ! demain, c'est la grande chose !
De quoi demain sera-t-il fait ? »

VICTOR HUGO
Les Chants du crépuscule

Lorsque le corps est endormi, la conscience se libère des contraintes du monde physique et expérimente une tout autre facette de la réalité. Et le rêve surgit, telle une vie parallèle, à la fois témoin intime et théâtre de nos innombrables découvertes.

Non seulement le rêve se déploie sans limites d'espace, mais il transcende également les barrières du temps. En effet, par le rêve, nous voyageons sans restriction du présent vers le passé ou encore vers le futur. Cette étonnante polyvalence a fasciné l'homme depuis toujours, mais le volet prémonitoire du rêve est certainement celui qui a suscité, à travers toutes les époques, l'intérêt le plus vif.

Depuis le début des temps, l'être humain porte en lui les mêmes interrogations et les mêmes espoirs face à son destin. Qui, parmi nous, n'a jamais désiré soulever le voile du futur pour connaître l'évolution d'une situation difficile, l'issue d'une relation amoureuse ou le dénouement d'une maladie grave?

Or, cette connaissance du futur nous est accessible. Durant la vie d'éveil, elle se manifeste à nous spontanément par des intuitions et des pressentiments. Durant notre sommeil, le futur peut se dévoiler par des rêves que nous appelons «prémonitoires». Ces rêves prémonitoires ne sont pas uniquement annonciateurs d'événements dramatiques; ils peuvent tout autant concerner la survenue d'événements positifs et heureux.

Cette faculté de sonder le futur n'est pas réservée exclusivement à une élite aux capacités psychiques exceptionnelles; elle constitue notre héritage, à chacun d'entre nous. Selon Edgar Cayce (1877-1945), l'un des plus grands médiums de notre époque, la prémonition est inhérente à la nature humaine. Elle est un pouvoir naturel de l'âme. Comme nos autres facultés psychiques, elle est présente en nous parce que nous sommes d'abord et avant tout des êtres spirituels... oui, des êtres spirituels ayant des expériences humaines, et non des êtres humains ayant des expériences spirituelles.

Edgar Cayce affirme qu'il ne nous arrive jamais rien d'important dans la vie sans que nous en ayons d'abord été prévenus en rêve. Il ajoute également: «Toute situation qui devient réalité a d'abord été fondamentalement rêvée[1].» Ce n'est pas peu dire! Pourquoi ne sommes-nous pas davantage conscients d'un fait si important? Chez plusieurs, non informés d'une telle possibilité, aucune attention spéciale n'est mobilisée du côté des

---

1. Tiré de Pierre FLUCHAIRE, *La Révolution du rêve*, Saint-Jean-de-Braye, Éditions Dangles, 1985, p. 287.

rêves, pour les mémoriser ou les comprendre. Les rêves demeurent donc en marge de la conscience, tel un trésor inexploré. Par ailleurs, peu de personnes savent que, pendant le sommeil de rêves (phase paradoxale), notre cerveau fonctionne de 70 % à 80 % de ses potentialités, comparativement à l'état de veille où celui-ci est activé environ à 10 %[1]. Le rêve est donc porteur d'informations dont nous avons tout intérêt à nous prévaloir.

Personnellement, il m'a fallu de nombreuses années de recherches psychologiques et spirituelles pour revenir à moi-même et prendre possession de mes propres trésors intérieurs. J'ai réalisé que les intuitions et pressentiments étaient présents dans ma vie depuis toujours, que je les utilisais à mon insu sans clairement les reconnaître. Paradoxalement, c'est par les rêves que j'ai pris conscience de ces habiletés présentes en moi. Les rêves venaient en quelque sorte corroborer ou exprimer sous forme de métaphores ce que je pressentais de mon futur. J'ai donc maintenant conscience qu'intuitions, pressentiments et rêves annonciateurs du futur travaillent conjointement, comme des partenaires inséparables.

Dans mon cheminement vers cette compréhension, j'ai parcouru différents champs d'activités professionnelles : de la criminologie à la criminalistique, de la massothérapie aux approches énergétiques, des soins palliatifs aux suivis de deuil. Dans cette diversité apparente, il y a toujours eu un fil conducteur, une préoccupation fondamentale, celle de comprendre l'être humain dans toutes ses dimensions, notamment psychologique, transpersonnelle et spirituelle. J'ai une passion insatiable pour tout ce qui

---

1. Voir Nicole GRATTON, *L'Art de rêver,* Montréal, Flammarion Québec, 2003, p. 74.

touche l'élargissement de la conscience et l'atteinte de notre plein potentiel humain. La méditation forme l'arrière-plan de ma vie, canevas essentiel sur lequel se greffe tout le reste.

Parallèlement à ce parcours professionnel, j'ai dédié un temps considérable, pendant les trente dernières années, à l'étude de la parapsychologie. Mon intérêt pour les rêves a débuté il y a une quinzaine d'années. Dans ma quête d'exploration de la conscience, ils représentaient un nouveau défi : celui de découvrir d'autres états de conscience surgissant durant le sommeil. Le rêve m'est apparu comme le fil d'Ariane par excellence. Le pas a été vite franchi d'expérimenter, notamment, des rêves télépathiques, ces rêves de communication d'âme à âme, et des rêves prémonitoires, évoquant le futur. Ma rencontre avec Nicole Gratton en 2002 et ma formation à l'École de Rêves se sont avérées déterminantes dans mon cheminement et mon implication dans le domaine des rêves. Grâce à l'encouragement de Nicole Gratton, l'idée d'écrire sur les rêves prémonitoires a pris forme peu à peu. De fil en aiguille, de nombreuses personnes m'ont confié leurs propres expériences de rêves en relation avec le futur. Leurs témoignages sont venus enrichir ce livre.

Je suis heureuse de partager aujourd'hui le fruit de mes recherches et de convier le lecteur à découvrir la réalité de la prémonition sous toutes ses formes, dans sa propre vie. Ce livre s'adresse donc aux personnes désireuses d'approfondir l'univers des rêves prémonitoires et en particulier à ceux et à celles qui expérimentent fréquemment ce type de rêves. Son objectif est d'offrir au lecteur de nombreuses pistes qui lui permettront de comprendre et de gérer harmonieusement cette précieuse ressource dans la vie de tous les jours.

Toutefois, avant d'arriver à cette étape, il importe d'apprivoiser un certain nombre de notions théoriques; celles-ci seront sommairement exposées. Le lecteur n'appréciera que davantage les aspects pratiques qui seront présentés ensuite.

Ainsi, au premier chapitre, il sera question de la vision scientifique actuelle face aux rêves prémonitoires. Les concepts utilisés tout au long de cet ouvrage seront définis. Une brève incursion dans l'univers des phénomènes psychiques nous permettra de bien situer la prémonition, cette merveilleuse faculté de l'esprit humain. Le volet des faux rêves prémonitoires sera également abordé.

Aux chapitres 2 et 3, les grandes catégories de rêves prémonitoires et leurs caractéristiques seront décrites. Celles-ci seront illustrées par quelques rêves historiques, mais surtout par de nombreux récits de rêves authentiques de personnes comme vous et moi. Nous constaterons combien les rêves prémonitoires peuvent concerner, non seulement des faits spectaculaires, mais de multiples petits événements du quotidien.

Le chapitre 4 aborde les symboles universels et personnels, de même que les symboles prédictifs. Nous verrons, par ailleurs, que certains rêves semblent prémonitoires mais ne le sont pas. Plus avant seront mis en lumière l'utilité des rêves relatifs au futur, les facteurs les favorisant ainsi que les principaux obstacles à leur survenue.

Le chapitre 6 explore les rêves prémonitoires sous l'angle du vécu au quotidien et présente les scénarios les plus fréquents. Le lecteur verra comment aborder ces rêves en relation avec un futur potentiel, en particulier s'ils sont dramatiques. Il trouvera différents conseils éclairants au sujet des rêves prémonitoires incomplets, vagues ou ambigus.

Le petit guide pratique des rêves prémonitoires, au chapitre 7, fournit des outils de travail très concrets, notamment une méthode de compilation globale des rêves, favorisant le repérage des rêves prémonitoires.

Enfin, cet ouvrage mettra en lumière le parallèle pouvant être établi entre la mémoire du futur et celle du passé.

Que les rêves relatifs au futur soient appelés visions, songes, rêves d'avertissement, rêves prophétiques ou rêves prédictifs, ils véhiculent tous une information précieuse pouvant être mise à profit dans notre vécu de tous les jours. Par cette «écoute du futur» à travers nos rêves, nous découvrirons le «devin» qui sommeille en chacun de nous. Nous apprendrons à en faire un allié, et ce, de jour comme de nuit.

CHAPITRE 1

Sous la loupe scientifique

L es êtres humains appréhendent depuis toujours la réalité immédiate à l'aide de leurs cinq sens. Très tôt, ils ont pris conscience que leur esprit était également doté de facultés «mystérieuses» leur donnant accès à des connaissances d'un tout autre ordre. Tant dans leur vie d'éveil qu'en rêve, ils ont expérimenté en abondance différents phénomènes que nous nommons «psychiques», telles la télépathie, la prémonition et autres formes de voyance. Même s'ils ne pouvaient en comprendre les mécanismes ou la cause, l'existence de ces phénomènes ne faisait donc aucun doute dans leur esprit.

Toutefois, pour dépasser le niveau de l'anecdote ou des croyances personnelles et arriver à prouver l'existence de ces phénomènes, une démarche scientifique rigoureuse était nécessaire. Ce défi a été relevé avec succès, mais la route a été longue et semée d'embûches.

En effet, au cours des cent dernières années, dans la science officielle, un voile de scepticisme et même de négation a entouré tout ce qui touchait les phénomènes psychiques. D'innombrables observations et expérimentations conduites avec soin et valables sur le plan de la méthodologie furent longtemps ignorées et même tournées en dérision, car elles étaient incompatibles avec les conceptions les plus fondamentales de la science contemporaine, notamment celles de l'espace et du temps.

Les sciences de la psyché n'ont pas davantage échappé à la suspicion entourant les phénomènes psychiques. Ainsi, pour Freud, le père de la psychanalyse, il ne faisait aucun doute au départ que le rêve ne pouvait être révélateur du futur. Hostiles *a priori* à tout phénomène inexplicable, plusieurs psychanalystes en viendront toutefois à admettre peu à peu, à l'instar de Carl Gustav Jung[1], que «les rêves prémonitoires, la télépathie et tous les faits de cet ordre existent en quantité[2]».

La reconnaissance officielle des phénomènes psychiques, notamment de la prémonition à l'état de veille ou par les rêves, a donc suivi un parcours très laborieux. Des chercheurs audacieux, perçus trop souvent comme marginaux par la communauté scientifique, se sont penchés avec rigueur sur ces phénomènes parfois déroutants. Ces hommes de science, provenant des quatre coins du monde, ont permis à la vérité de poindre finalement.

Dean Radin, docteur en psychologie et ingénieur, est considéré comme un des meilleurs spécialistes mondiaux de parapsychologie. Ce chercheur dirige le «Consciousness Research Laboratory» de l'université du Nevada, à Las Vegas. Il affirme : «La réalité des phénomènes

---

1. Psychiatre suisse (1875-1961) qui a élaboré les concepts d'inconscient collectif et d'archétypes.
2. Cité dans Pascale MABY, *Le Dossier des prophètes, voyants et astrologues,* Montréal, Éditions La Presse, 1975, p. 53.

psychiques n'est plus uniquement fondée sur la foi, la pensée magique ou des anecdotes sensationnelles, ni même sur quelques expérimentations scientifiques. Nous savons aujourd'hui que ces phénomènes existent, parce que nous disposons de nouvelles méthodes permettant d'évaluer les masses de données scientifiques accumulées au cours d'un siècle par une multitude de chercheurs[1].»

Ainsi donc, à l'heure actuelle, la prémonition n'est plus niée, elle est admise comme authentique au sein de la communauté scientifique. Son existence, comme celle de bien d'autres phénomènes psychiques, a été démontrée par des milliers d'expérimentations qui ont convaincu les sceptiques, même les plus endurcis. Cette étape cruciale étant franchie, les chercheurs se concentrent maintenant sur des questions fonctionnelles et tentent de comprendre ce qui influence les effets psi et leur mode d'action.

Par ailleurs, vers la fin des années soixante, les travaux de Stanislav Grof[2] ont joué un rôle majeur dans l'exploration des phénomènes parapsychiques. Ses recherches furent, par ailleurs, alimentées de découvertes révolutionnaires provenant de disciplines telles la physique quantique, la recherche sur le cerveau, la parapsychologie, l'holographie. Les travaux de Grof ont permis de mettre en lumière les capacités intrinsèques de l'esprit humain et de situer les facultés parapsychiques dans un cadre de normalité.

En dépit de ce tournant majeur, les manifestations psychiques, tels la télépathie, la prémonition et autres phénomènes de voyance, sont encore perçues comme des

---

1. Dean RADIN, *La Conscience invisible, le paranormal à l'épreuve de la science,* Paris, Presses du Châtelet, 2000, p. 14.
2. Stanislav Grof est le père de la psychologie transpersonnelle.

signes de psychopathologie par la psychiatrie et la psychologie traditionnelle. Ces disciplines ont un défi à relever : celui d'adapter leurs cadres conceptuels aux nouvelles découvertes scientifiques. C'est pourquoi les phénomènes psychiques conservent un relent d'anormalité dans l'esprit du grand public. Les anciennes croyances ont la vie dure, mais un changement majeur est à l'œuvre, dont bénéficieront certainement les générations futures.

Il serait ingrat de ne pas mentionner quelques recherches déterminantes qui ont jalonné le périple scientifique en ce qui concerne les rêves prémonitoires. Une des études de laboratoire les plus importantes fut certainement celle qu'a entreprise Montague Ullman en 1962, au Maimonides Hospital de Brooklyn (New York), avec l'assistance du psychologue Stanley Kripper. Leurs expériences, échelonnées sur de nombreuses années, ont confirmé scientifiquement la prémonition dans les rêves.

Par ailleurs, la plus grande compilation d'anecdotes et de récits de rêves parapsychiques a été rassemblée par le docteur Louisa Rhine, autour des années soixante. Elle a recueilli plus de sept mille témoignages d'expériences extrasensorielles, dont 58 % eurent lieu en rêve. Or, la majorité des cas répertoriés concernaient des rêves prémonitoires. En fait, les études de probabilités établissent qu'un phénomène psychique aurait 200 fois plus de chances de se produire en rêve qu'à l'état de veille.

Également, un psychologue clinicien d'Atlanta (É.-U.), David Ryback, a consacré quinze années à l'étude des rêves parapsychiques. Il a mené une importante étude sur les rêves prémonitoires auprès de 433 étudiants universitaires. En 1990, il a publié, en collaboration avec Letitia Sweitzer, un ouvrage intitulé *Les rêves prémonitoires*, *comment les reconnaître et les interpréter*[1], dans lequel il fait état de ses recherches.

Dans son étude, fait étonnant, 66,9 % des étudiants ont allégué avoir expérimenté un ou des rêves parapsychiques, prémonitoires ou télépathiques. Ces résultats suggèrent que deux personnes sur trois font des rêves parapsychiques ou ont vécu cette expérience au moins une fois dans leur vie ! Après avoir ciblé les rêves à portée prémonitoire, il conclut : «Mes recherches ont montré qu'une personne sur douze parmi nous, gens ordinaires de toutes sortes, a fait un rêve qui s'est vraiment réalisé.» L'expérience de la prémonition onirique est donc loin d'être une expérience exceptionnelle ou rarissime.

Pour sa part, John Orme, professeur de psychologie à l'université de Sheffield en Angleterre, a mené une étude sur 148 cas de prémonitions. Parmi ceux-ci, 109 cas, soit une proportion de 74 %, étaient issus des rêves. Il a donc conclu que «le rêve était incontestablement le véhicule le plus courant de l'expérience précognitive[2]».

LA PRÉMONITION
AU SEIN DES PHÉNOMÈNES PSYCHIQUES

Que nous soyons homme ou femme, l'intuition est une des facultés de notre esprit. Dans la vie courante, nous nommons également sixième sens cette habileté que nous

1. David RYBACK et Letitia SWEITZER, *Les Rêves prémonitoires, comment les reconnaître et les interpréter,* Paris, Éditions Sand, 1990.
2. Tiré du livre d'Hélène RENARD, *Les Rêves et l'au-delà,* Éditions Philippe Lebaud, Paris, 2001, p. 155.

avons de pressentir les choses. Ce sixième sens nous donne accès à une connaissance immédiate, non issue du raisonnement. C'est notre «petite voix intérieure». Lorsqu'elle concerne le futur, les termes pressentiments, prémonitions sont plus spécifiquement utilisés.

En abordant la prémonition et les rêves prémonitoires, on pénètre donc dans le vaste univers des phénomènes psychiques, univers dans lequel il est fort aisé de se perdre. Afin de bien saisir où se situe la prémonition dans l'éventail des facultés psychiques, nous allons d'abord effectuer un bref survol de ce domaine qui relève de la parapsychologie.

Cette discipline date de la fin du XIXᵉ siècle. Le mot *parapsychologie* a été introduit en Allemagne par Max Dessor en 1889 et repris par le psychologue William McDougall aux États-Unis en 1927. La parapsychologie se consacre à l'étude scientifique des phénomènes psychiques, appelés phénomènes psi[1].

Au fil des années et selon les pays, la parapsychologie a connu diverses appellations, telles *recherches psychiques*, ou encore *métapsychique*. Au Québec, depuis 1974, le terme couramment employé est *psilogie*[2].

Mentionnons que, très tôt, une distinction a été établie entre psychologie et parapsychologie. En tant que science moderne, la psychologie existe depuis un peu plus d'un siècle. Elle a protégé ses assises en mettant de côté certains phénomènes sortant de l'ordinaire et encore

---

1. Psi (ψ) est la vingt-troisième lettre de l'alphabet grec. Ne pas confondre avec «psy» qui réfère à un thérapeute (psychologue, psychothérapeute, psychanalyste, psychiatre…).
2. Voir Denise ROUSSEL, *Le Tarot psychologique, miroir de soi*, Boucherville, Éditions de Mortagne, 1983, p. 118.

inexpliqués. D'où le terme *parapsychologie* (para veut dire à côté, en parallèle) «pour caractériser toute une région frontière encore inconnue qui sépare les états psychologiques habituels des états pathologiques[1]». Cette définition réfère donc à des phénomènes non conventionnels, peu répandus, mais néanmoins normaux. Cette région «inconnue» est celle des phénomènes psychiques.

Sommairement, les phénomènes psychiques peuvent être classés en trois grandes catégories:

1. Les perceptions extrasensorielles (P.E.S.), consistant en la perception d'objets ou d'événements en dehors du champ ordinaire des cinq sens. Le terme P.E.S. a été introduit dans les années trente par Joseph Banks Rhine, le fondateur de la parapsychologie expérimentale de l'École américaine.

2. Les phénomènes de psychokinésie (P.K.), qui concernent l'influence ou l'action à distance de l'esprit sur la matière.

3. Les phénomènes indiquant une survie après la mort, tels que les expériences de mort imminente[2], les expériences «hors du corps»[3], etc.

Les spécialistes ont par ailleurs subdivisé la perception extrasensorielle en quatre catégories principales:

---

1. Tiré de Hans BENDER *et al.*, *La Parapsychologie devant la science*, Paris, Berg Balibaste, 1976.
2. Appelées également N.D.E., pour *Near Death Experience*.
3. Nommées O.B.E., pour *Out-of-Body Experience*.

1. La télépathie : il s'agit de la communication par la pensée avec le psychisme d'êtres vivants, sans utiliser les sens ordinaires, à l'état de veille ou en rêve.

2. La clairvoyance : elle se définit comme l'aptitude à capter un savoir, une information à distance, au-delà de ce que perçoivent habituellement les sens. Cette information est essentiellement de source matérielle (objet, lieu, événement) et se situe uniquement au moment présent.

3. La rétrocognition : elle concerne la faculté de voir les événements du passé et même des incarnations précédentes, à l'état de veille ou en rêve.

4. La précognition : elle consiste en la perception d'événements futurs dont on n'est pas informé par des canaux ordinaires (nos cinq sens). Les rêves prémonitoires, en fait la prémonition onirique[1], entrent dans cette catégorie.

Dans le langage courant, nous utilisons le mot *prémonition* (du latin *prae,* avant, et *monitio,* avertissement). Le terme *précognition* est utilisé plutôt dans le cadre de la recherche scientifique. Bien qu'il n'y ait pas de contre-indications à employer prémonition et précognition comme synonymes, il existerait une certaine distinction entre ces deux termes.

Selon certains auteurs, la *prémonition* se caractérise davantage par différentes sensations tels un sentiment diffus d'anxiété, un inconfort « viscéral », un pressen-

---

1. Onirique : relatif aux rêves.

timent, concernant un désastre imminent. Ces sensations se produisent en dehors de toute justification ou cause décelable et tendent à se produire avant des événements graves, des décès, des accidents ou autres circonstances traumatisantes ayant une forte charge émotionnelle.

Pour sa part, la *précognition* impliquerait la vision («flash») ou le rêve de l'événement à venir. Elle serait plus précise et comporterait plus de détails sur ce qui adviendra.

Les chercheurs sont unanimes à affirmer le caractère complexe des phénomènes psychiques. Ainsi, la télépathie, la clairvoyance et la précognition sont difficiles à cerner individuellement. Différents chercheurs ont même avancé l'hypothèse que la précognition n'est peut-être, au bout du compte, qu'une forme globale de clairvoyance.

Les rêves prémonitoires, télépathiques et de voyance sont généralement regroupés sous certains vocables; on les nomme rêves psi, rêves psychiques, rêves parapsychiques ou encore rêves paranormaux. Globalement, tous ces termes peuvent être considérés comme des synonymes.

Quoi qu'il en soit, les rêves constituent la voie la plus accessible pour faire des expériences psychiques, que ce soit en captant les pensées ou les sentiments de personnes vivantes ou décédées (télépathie), en se remémorant des expériences passées (rétrocognition) ou encore en visualisant un panorama du futur (précognition). Les différentes recherches établissent qu'en moyenne 70% des expériences prémonitoires se produisent au cours de rêves, d'où l'immense intérêt de ces derniers.

Dans la conception populaire, est prémonitoire tout rêve annonçant un événement qui se réalise par la suite. Au regard de la science, il n'est pas suffisant qu'un rêve se concrétise pour qu'il soit appelé «prémonitoire». En fait, les chercheurs établissent deux formes de prémonition qu'ils nomment: prémonition authentique et fausse prémonition.

PRÉMONITION AUTHENTIQUE ET FAUSSE PRÉMONITION: UN DÉBAT SCIENTIFIQUE

Ainsi, les rêves annonçant des événements futurs, même lorsque ceux-ci se réalisent, ne sont pas tous authentiquement prémonitoires au sens scientifique du terme. Pour les chercheurs, l'intérêt est de découvrir, dans l'ensemble des rêves «qui se réalisent», ceux qui sont d'origine parapsychique, c'est-à-dire issus de perceptions extrasensorielles. Seuls ces derniers sont reconnus comme une vraie prémonition ou une prémonition authentique. Les autres rêves prémonitoires (non psi) relèvent d'une prémonition apparente ou fausse prémonition. Voici, sommairement, cette distinction entre vraie et fausse prémonition.

Prémonition authentique: issue de perceptions extrasensorielles

Selon la vision scientifique actuelle, il y a *vraie prémonition,* ou *prémonition authentique*, lorsque l'esprit capte une information précise relative au futur par un mode de perception extrasensorielle, c'est-à-dire en dehors des cinq sens, et la transmet à l'esprit conscient par des rêves. Cette information ne doit être connue de personne et *ne doit pas résulter de la logique inconsciente*, telle qu'elle est définie plus bas. Il s'agit alors de véritables phénomènes psi. Lorsque les scientifiques parlent de rêves prémonitoires, il est donc implicite que ces rêves doivent être parapsychiques.

Un rêve classique de prémonition authentique est celui d'Abraham Lincoln qui rêva de sa propre mort. Il était alors président des États-Unis. Lincoln avait la réputation de faire fréquemment des rêves prémonitoires.

> Deux semaines avant son décès, Abraham Lincoln confia à son ami et biographe, Ward H. Lamon, un rêve dans lequel il entendait pleurer un grand nombre de personnes qu'il ne voyait pas ; curieux de la raison d'être de ces pleurs, il arpenta les couloirs de la Maison-Blanche, cherchant d'où venaient ces pleurs. Quand il arriva à la Chambre Est, il vit un catafalque sur lequel gisait un cadavre au visage recouvert, préparé pour les funérailles. Des soldats montaient la garde alentour, où s'entassaient une foule de personnes. Lincoln demanda aux soldats : «Qui est mort à la Maison-Blanche ?» Ils répondirent : «Le Président, il a été assassiné !»
>
> Abraham Lincoln, poignardé le 14 avril 1865, est décédé le lendemain aux petites heures. Son cercueil fut disposé sur une plateforme de la Chambre Est de la Maison-Blanche où des soldats effectuaient la garde.

Fausse prémonition : issue de perceptions subliminales

La seconde forme de prémonition par rêve n'est pas issue de perceptions extrasensorielles ; elle résulte, en fait, d'un processus de *logique inconsciente*. N'étant pas considérée comme un phénomène psi par les chercheurs, elle est appelée *fausse prémonition* ou, encore, *prémonition apparente*. Malheureusement, cette appellation a une petite

connotation dévalorisante pour cette forme de prémonition très répandue.

Voici comment elle se produit. Durant l'état de
veille, le cerveau emmagasine une somme phénoménale
d'informations, enregistrant tout ce qu'il perçoit par les
cinq sens, même sur des plans extrêmement subtils et
imperceptibles pour le conscient (perceptions subliminales[1]). Durant le sommeil, pendant la phase paradoxale[2],
il synthétise l'information, la classe et peut, de cette
manière, prévoir des événements qui échappent totalement à la logique consciente. Le cerveau établit donc des
prévisions de ce qui va vraisemblablement se produire si
les conditions sont maintenues. Il retransmet ensuite ce
bilan au conscient par des rêves d'une intensité particulière, à caractère prévisionnel.

Pour chacun d'entre nous dans la vie de tous les
jours, il importe peu qu'un rêve relatif au futur soit issu
de perceptions extrasensorielles ou de la logique inconsciente. La provenance ne modifie en rien les bénéfices
que nous pouvons en retirer.

Voici un exemple de rêve prémonitoire apparemment
issu de perceptions subliminales. Il est cité par Pierre
Fluchaire[3].

---

1. Perceptions qui se situent sous le seuil de la conscience, dans
   l'inconscient. Voir l'article de L. TALAMONTI, dans le collectif
   Les Pouvoirs des voyants ou la Vie d'avance, Paris, Éditions
   Tchou, 1978, p. 77.
2. Le sommeil comprend deux grandes périodes : le sommeil lent
   (80 % du temps de sommeil) qui se déroule en quatre phases et
   le sommeil paradoxal, où se déroulent les rêves dont on se souvient. Un cycle complet de sommeil (phase 1 à 4 et sommeil
   paradoxal) totalise environ 90 minutes.
3. Dans son livre *La Révolution du rêve,* Saint-Jean-de-Braye,
   Éditions Dangles, 1985, p. 175.

Un ami habitant Neuilly rêva une nuit qu'il était accoudé à la balustrade de son balcon situé au 4ᵉ étage. Alors qu'il se penche pour regarder la rue, la balustrade cède et il s'écrase sur la chaussée. Il se réveille brusquement. Le lendemain, au lieu de repousser ou banaliser son rêve, il vérifie la balustrade de ses deux balcons. L'une d'elles était descellée.

Il est très probable que cet ami n'avait pas remarqué consciemment les indices subtils qui auraient pu l'alerter d'un danger potentiel, tels un minuscule fléchissement de la balustrade, un craquement quasi inaudible, une vibration ténue. Le conscient est distrait. Toutefois, son cerveau avait sans doute perçu ces indices et les avait gardés en mémoire. La nuit venue, il a alerté le rêveur sur les risques potentiels de cette situation.

D'une part, ce rêve ne pourrait être qualifié de rêve prémonitoire, car il ne s'est pas réalisé. Il serait plus à propos de le considérer comme un rêve d'avertissement. Par ailleurs, même si les événements vus en rêve s'étaient concrétisés, ce rêve aurait reçu l'étiquette de faux rêve prémonitoire, puisqu'il était, semble-t-il, issu de perceptions subliminales. Malgré ce problème de définitions, nous sommes à même d'apprécier la valeur inestimable de ce rêve qui a probablement permis d'éviter un accident regrettable.

Dans le même ordre d'idées, Danielle L'Heureux, naturopathe âgée de quarante-sept ans, nous communique un rêve d'avertissement survenu au printemps 2004. Danielle note ses rêves depuis plusieurs années déjà et elle a toujours l'œil ouvert sur les messages qu'ils véhiculent :

J'avais prévu aller à la bijouterie le lendemain. Cette nuit-là, je rêve qu'une de mes bagues, une émeraude sertie de diamants, va perdre trois de ses diamants. Je vois clairement lesquels.

Au matin, je tente d'interpréter la symbolique de ce rêve, mais je profite néanmoins de ma visite à la bijouterie pour faire vérifier ma bague. Je raconte mon rêve à la bijoutière, sans lui préciser quels diamants étaient en cause. Après vérification, elle revient en disant : « Madame, faites toujours confiance à vos rêves, votre bague est sur le point de perdre trois diamants ! » Je lui demande : « Est-ce que ce sont les trois baguettes ? » Elle me répond : « Oui, ce sont les trois baguettes. »

À nouveau ici, il est possible que Danielle ait perçu, en une fraction de seconde, le risque de perdre les petits diamants : une sensation subtile de quelque chose d'accrochant sur la bague, un fil tiré sur un vêtement, etc. La perspective de la visite à la bijouterie a possiblement fait ressurgir en rêve la pertinence de vérifier cette bague.

Ces exemples illustrent brièvement à quel point les rêves peuvent être une ressource précieuse dans des aspects bien concrets de notre vie, et ce, toujours dans le sens de notre mieux-être. Il suffit de leur être attentif et d'agir en conséquence, en particulier lorsqu'un rêve présente une situation susceptible de se concrétiser dans le futur.

Lucette Robert est infirmière. Elle expérimente des rêves d'avertissement depuis l'adolescence. À trente-huit ans, elle est enceinte de onze semaines. Tout semble aller pour le mieux, mais une nuit elle fait le rêve suivant :

Je constate avec stupéfaction que mes seins sont dégonflés. Je me dis avec tristesse : « Mon Dieu, c'est certainement mauvais signe pour mon bébé. »

Au matin, je me réveille, encore imprégnée de tristesse. Je sais que quelque chose ne va pas. Dans la même journée, les pertes sanguines ont commencé et j'ai effectivement perdu mon bébé.

Ce rêve attristant, sans doute issu de la logique inconsciente, est venu informer Lucette du changement intervenu dans son corps. Ne serait-ce que de façon infime, il l'a préparée à affronter l'arrêt de grossesse, en atténuant le choc. Certains rêves peuvent être plus sombres que d'autres, mais pour Lucette, les rêves d'avertissement sont sécurisants du fait qu'ils lui permettent de voir venir. Pour cette raison, ils sont toujours bienvenus.

Il arrive par ailleurs que des individus rêvent de leur propre mort. Nous avons relaté précédemment le rêve prémonitoire authentique d'Abraham Lincoln. Or, ironiquement, certains rêves de mort qui se réalisent sont considérés, dans la perspective scientifique, comme étant de faux rêves prémonitoires. En effet, dans bien des cas, de façon inconsciente, cette mort est pressentie physiologiquement ou psychologiquement par le rêveur et se traduit par le rêve correspondant. Par ailleurs, il n'est pas exclu qu'un tel rêve, à cause de sa forte charge émotionnelle et par la puissance de la suggestion, précipite effectivement la mort du rêveur. Ainsi, ces rêves de mort, même s'ils se concrétisent, ne peuvent être associés à des phénomènes psi.

Cela étant dit, si nous rêvons de notre mort, ne paniquons pas ! Dans une très forte majorité de cas, ces rêves sont de nature strictement symbolique et reflètent un changement majeur, une transformation à l'œuvre dans notre vie intérieure. Quelque chose meurt pour laisser place à autre chose. Il n'est pas exclu non plus que ces rêves de mort, disséminés au cours de notre vie, nous préparent à long terme à l'idée de notre fin dernière.

Les chercheurs se sont penchés sur les critères permettant de reconnaître les rêves qui sont réellement parapsychiques. Ils sont peu nombreux, mais la barre est haute. Les voici.

CRITÈRES DE DÉFINITION
DU RÊVE PRÉMONITOIRE AUTHENTIQUE

Pour qu'un rêve soit qualifié de prémonitoire, il doit remplir certaines conditions bien précises :

• *Le rêve doit se concrétiser dans la réalité.*

Un rêve ne devient prémonitoire qu'après sa réalisation. Ainsi, un rêve d'avertissement qui aurait suscité une action de la part du rêveur, empêchant, en totalité ou en partie, un événement de se réaliser, ne pourrait en aucun cas être qualifié de prémonitoire. C'est le paradoxe des définitions.

• *Le rêve doit être antérieur à l'événement lui-même.*

Ce point peut sembler une évidence. Dans les faits, un critère aussi simple peut être source d'ambiguïté. Voici l'exemple d'un rêve perçu comme prémonitoire par la rêveuse, mais qui n'en est pas un au sens strict :

Sonia rêve qu'une amie enceinte perd son bébé. Deux semaines plus tard, elle apprend qu'effectivement cette amie a vécu une fausse couche. Pour la rêveuse, il s'agit d'un rêve prémonitoire.

Or, ce rêve est survenu durant la nuit qui a suivi la fausse couche de son amie ; l'événement avait eu lieu en soirée. Cette information perçue en rêve est certainement parapsychique, mais elle apparaît d'ordre télépathique plutôt que prémonitoire. Il est permis de penser que, dans les heures ayant suivi la fausse couche, la rêveuse a capté la triste nouvelle. À la rigueur, nous pourrions considérer le rêve de Sonia comme prémonitoire à l'annonce de l'événement, mais non à l'événement lui-même, le rêve étant bel et bien survenu après la fausse couche.

• *Il doit y avoir concordance de détails entre le rêve et l'événement réel.*

Ce critère concerne plus spécifiquement les rêves prémonitoires typiques, et non ceux dont l'information prémonitoire est livrée sous forme symbolique, comme nous verrons un peu plus loin.

Ainsi, non seulement le rêve doit correspondre au fait réel dans sa globalité, mais il doit comporter certains détails précis. Ces détails peuvent concerner l'heure, le lieu, les couleurs, les caractéristiques des vêtements ou encore des paroles entendues, etc. Certains détails peuvent ne pas coïncider entre le rêve et l'événement – c'est d'ailleurs généralement le cas –, mais la qualité des détails concordants doit être probante. Parfois, un seul détail très étrange ou inusité du rêve, se confirmant dans la réalité, va s'avérer déterminant pour en valider le caractère parapsychique.

• *L'événement annoncé par le rêve doit être totalement imprévisible, improbable et même exceptionnel.*

Ainsi, le rêve peu caractéristique d'un événement courant ne peut être considéré comme parapsychique au sens scientifique du terme. Par exemple, votre chien a disparu depuis quelques jours et vous croyez qu'il a eu un accident. Une nuit, vous rêvez qu'il revient à la maison et de fait, le lendemain, il gratte à la porte.

Selon le deuxième critère énoncé, ce rêve ne peut être considéré comme parapsychique, le fait lui-même étant trop prévisible. Si ce rêve avait comporté des détails inhabituels confirmés dans la réalité, la question serait tout autre. Ainsi, vous rêvez qu'au retour votre chien a une blessure précise à la patte arrière gauche et ce détail se confirme dans la réalité ; alors oui, votre rêve peut être considéré à juste titre comme parapsychique. Voyons un autre exemple éclairant :

> Une femme rêve de la mort de son époux actuellement très malade. Celui-ci effectivement décède dans les jours suivants.

Ce rêve d'un événement très prévisible ne peut être qualifié de prémonitoire, au sens scientifique, qu'à condition de comporter des détails précis sur le décès lui-même, tels la date, l'heure, les personnes présentes ou tout autre détail inusité totalement imprévisible au moment du rêve.

Les rêves confirmés dans les faits doivent également être examinés sous l'angle du *hasard*. Le rêve parapsychique ne doit pas relever de la simple coïncidence. La probabilité que l'événement annoncé par le rêve se concrétise par un pur hasard doit être infime ou presque nulle pour que le rêve soit qualifié de parapsychique.

- *Le rêve doit préférablement avoir été raconté à une tierce personne pouvant témoigner de sa véracité, et ce, avant que l'événement prévu en rêve ne se réalise.*

De toute évidence, pour les chercheurs, il s'agit du meilleur scénario pour valider un rêve parapsychique.

Et enfin, dernier critère :

• *En l'absence de témoins, ce rêve doit avoir fait l'objet de vérifications ultérieures avec l'événement tel qu'il s'est réalisé.*

En dépit de ces critères précis, de nombreux rêves à caractère parapsychique demeurent difficiles à cerner. Ainsi, nombre d'entre eux s'avèrent «mixtes», c'est-à-dire qu'ils impliquent plus d'un phénomène psychique ; par exemple, ils peuvent être à la fois prémonitoires et télépathiques. Il est souvent difficile, sinon impossible, de déterminer la frontière entre deux phénomènes psychiques ou encore la préséance de l'un par rapport à l'autre. Tel est le rêve de Nathalie Jacob, âgée de quarante ans, survenu en novembre 2003 :

> Je suis dans une pièce toute petite, les murs sont bleu pâle. Je suis assise à la droite de mon beau-frère, à une table ronde recouverte d'une nappe blanche. Il a énormément de peine. Je ne le vois pas pleurer, mais je ressens cette peine profonde en lui. Je me réveille.
>
> Trois semaines plus tard, ma sœur, mon beau-frère et moi allons souper au restaurant. Nous sommes assis dans un petit coin, à une table ronde recouverte d'une nappe blanche. Les murs sont bleu pâle. Tout est comme dans mon rêve. Je suis assise à la droite de mon beau-frère. À un moment donné, il nous raconte combien il a eu de la peine après son infarctus. Il pleurait presque tous les jours. C'est cette peine que j'ai ressentie en rêve.

Pour Nathalie, ce type de rêves est monnaie courante. Jusqu'à tout récemment, elle croyait que la seule fonction du rêve consistait à dévoiler le futur !

Selon le point de vue, le rêve de Nathalie pourrait être considéré comme un rêve télépathique (perception à distance de la tristesse du beau-frère) contenant une information d'ordre prémonitoire (rencontre au restaurant dans ce décor très précis) ou encore un rêve prémonitoire avec élément de télépathie.

Par ailleurs, certains rêves prémonitoires peuvent comporter une partie parapsychique et une autre partie qui ne l'est pas. Un rêve peut apporter une information relative au futur qui est vraiment issue d'une perception extrasensorielle et, en même temps, véhiculer sous forme symbolique une information d'un tout autre ordre concernant d'autres aspects de la vie du rêveur. Le rêve n'est alors que partiellement parapsychique.

Le rêve suivant a été vécu par Roland[1], quelques années avant son décès survenu en 1998. Il nous est communiqué par son épouse. Elle mentionne que son mari ne se souvenait pratiquement jamais de ses rêves :

> Roland rêve qu'il se promène avec sa petite-fille Mélanie. Ils traversent un pont. Plus loin, de l'autre côté, il y a d'immenses portes de bois, comme celles des anciens châteaux forts. Ils s'y dirigent pour voir de plus près. Soudain, se produit un énorme bruit de fracassement. Roland prend vivement la petite par la main et s'empresse de rebrousser chemin. Les grosses portes de

---

1. Dans cet ouvrage, les rêveurs qui ont opté pour l'anonymat sont identifiés uniquement par un prénom d'emprunt. Les noms complets réfèrent à l'identité véritable des rêveurs.

bois cèdent violemment et une gigantesque coulée de boue emporte tout sur son passage. Il se réveille.

Le lendemain, Roland est sidéré en apprenant dans les journaux l'inondation de boue survenue en Italie. Ce rêve, il en a parlé à tout le monde pendant des semaines. Il ne faisait aucun doute dans son esprit qu'il était relié à cette catastrophe survenue en Italie.

Dans ce rêve, une partie était parapsychique et l'autre ne l'était pas ; elle présentait un contexte symbolique appartenant au rêveur. Il demeure que, pour Roland, ce rêve a eu une grande portée. Pour la première fois, il a eu accès à une dimension de son esprit dont il n'avait jamais même soupçonné l'existence.

Conscients du volet prémonitoire des rêves, nous pouvons à juste titre nous demander de quoi ces rêves traitent globalement.

DE QUOI TRAITENT LES RÊVES PRÉMONITOIRES ?

Les rêves prémonitoires concernent d'abord des événements et situations ayant un impact majeur sur la vie des sujets. C'est pourquoi les rêves de mort sont très fréquents (ils couvrent plus de 50 % des rêves psi), suivis en importance par les rêves d'accidents et de blessures.

Également, les rêves prémonitoires sont souvent associés à des situations d'urgence, de danger, à des crises, à des moments de besoins ou de motivations intenses. Dans presque tous les cas de prémonition, le facteur émotionnel joue un rôle très important. Ajoutons que deux fois plus de femmes que d'hommes font des rêves prémonitoires. Les événements anticipés vont concerner la parenté ou les proches amis dans 50 % des cas.

Il est intéressant de noter que de nombreux rêves prémonitoires se rapportent aux menus détails de la vie quotidienne. La littérature fait peu état de ces rêves. Il est envisageable que les sujets ayant participé à des recherches sur le sujet aient omis de relever ces rêves prémonitoires sans portée spectaculaire, les jugeant à tort sans intérêt. Il est possible également qu'au cours de leurs études, les chercheurs aient tenu compte de ces rêves de moindre envergure, mais qu'ils aient publicisé les plus spectaculaires pour une démonstration plus éloquente des phénomènes psi en rêve.

Mentionnons que si les rêves psi comportent un haut pourcentage de rêves dramatiques, il en va tout autrement pour les rêves prédictifs issus de perceptions subliminales. Ces derniers annoncent fréquemment des événements heureux, inattendus.

À la lumière des différents témoignages recueillis, il m'apparaît possible que le tempérament du sujet entre en ligne de compte quant au type d'informations prémonitoires perçu en rêve. Certaines personnes m'ont confié ne faire que des rêves d'avertissement positifs. Il s'agissait de personnes optimistes, confiantes en la vie. Pour d'autres, c'était tout le contraire. Il est permis de penser que les personnes au tempérament plus anxieux, ou encore très protectrices face à leur entourage, pourraient être davantage susceptibles de faire des rêves prémonitoires relatifs à des situations menaçantes ou à des dangers potentiels. Cette hypothèse mériterait d'être examinée. Toutefois, indépendamment de son tempérament, toute personne est susceptible de vivre un rêve d'avertissement concernant un danger potentiel.

Dans les chapitres suivants, nous allons mettre en veilleuse la distinction conceptuelle entre rêves prémonitoires authentiques et rêves prémonitoires apparents (ou faux rêves prémonitoires), vu que celle-ci concerne uniquement leur source. Entre ces deux pôles, de nombreux rêves prémonitoires s'avèrent, quoi qu'il en soit, difficiles à classer. Retenons qu'un rêveur peut expérimenter deux types de prémonition (psi et non psi), aussi valables l'un que l'autre quant aux bénéfices qu'il peut en retirer.

Globalement, tous les rêves prémonitoires appartiennent à l'une ou l'autre des catégories suivantes : les rêves prémonitoires typiques et les rêves prémonitoires symboliques.

Tableau 1
LES PHÉNOMÈNES PSYCHIQUES : TROIS GRANDES CATÉGORIES

1. Les perceptions extrasensorielles
- télépathie
- clairvoyance
- rétrocognition
- prémonition

2. Les phénomènes de psychokinésie
(action de l'esprit sur la matière)

3. Les phénomènes indiquant une survie après la mort
- expériences de mort imminente
- expériences « hors du corps », etc.

Tableau 2

LA PRÉMONITION ONIRIQUE:
VISION SCIENTIFIQUE

1. **Prémonition authentique:** issue de perceptions extrasensorielles.

Au regard de la science, le terme «prémonitoire» est réservé uniquement aux rêves issus de perceptions extrasensorielles (les rêves parapsychiques).

2. **Prémonition apparente ou fausse prémonition:** issue de perceptions subliminales. Cette forme de prémonition n'est pas considérée dans les recherches sur le phénomène psi.

Le rêveur peut expérimenter l'une ou l'autre forme de prémonition et en retirer essentiellement les mêmes avantages. De façon courante, le terme «prémonitoire» est utilisé pour tout rêve qui s'est réalisé, indépendamment de sa source.

CHAPITRE 2

Les rêves prémonitoires typiques

On peut nommer «rêve prémonitoire typique» un rêve décrivant un événement qui se réalise tel quel dans le futur. Le rêve et l'événement coïncident. Ces rêves ne demandent pas que l'on interprète une symbolique pour en comprendre le message ou l'avertissement. Ils sont explicites et parlent d'eux-mêmes.

Les rêves prémonitoires typiques présentent d'emblée des schémas reconnaissables, peu importe le pays, le milieu culturel, l'âge ou l'éducation du rêveur chez qui ils se manifestent:

1. Ils sont d'une grande intensité et d'un réalisme exceptionnel. Le rêveur a l'impression d'assister à l'événement en tant que spectateur ou d'y participer.

2. Les rêves sont clairs et leurs scénarios sont ordonnés.

3. Ces rêvent se mémorisent immédiatement après le réveil et, lorsqu'ils sont reliés à un événement de grande importance, le rêveur en garde le souvenir longtemps.
4. Ils s'apparentent souvent à un cauchemar : le rêveur se réveille brusquement, en proie à une émotion intense. Ces rêves prémonitoires laissent une empreinte persistante chez le rêveur après son réveil, accompagnée généralement d'un mauvais pressentiment tout au long de la journée.
5. Positifs ou négatifs, ces rêves créent une si forte impression chez le rêveur que celui-ci éprouve le besoin d'en parler à quelqu'un.

Même si les contenus des rêves prémonitoires sont clairs, ils manquent généralement de précision quant à la date et au lieu où l'événement se produira.

L'Histoire regorge de récits impressionnants de personnages célèbres ayant vécu des rêves prémonitoires importants pour eux-mêmes ou pour leur époque. Ont été retenus deux exemples incontournables. Voyons d'abord le récit du moine qui assassina Henri III, en 1589.

Ce jour-là, Jacques Clément, un moine dominicain, demande une audience privée à Henri III, alléguant qu'il a un message hautement confidentiel à lui transmettre. Le roi, ayant été excommunié par le pape, espère que celui-ci est venu lui apporter l'absolution du Vatican, mais le moine saisit vivement un couteau dissimulé sous son scapulaire et frappe le roi d'un coup fatal au bas-ventre.

La garde personnelle du roi fait irruption dans la pièce et, exaspérée par les cris du moine, le transperce de coups d'épée. Le corps de Jacques Clément est ensuite exposé nu à la vindicte publique, puis, sur ordre du nouveau monarque, même s'il est déjà mort, il est livré aux bourreaux pour être «tiré à quatre chevaux». Ce dénouement est tout à fait exceptionnel. En effet, dans les cas de régicide, le coupable est habituellement maintenu vivant, afin d'être interrogé et soumis ensuite à une mort atroce, soit le supplice de la roue et finalement l'écartèlement.

Or, Jacques Clément avait rêvé des circonstances entourant sa mort. Dans une lettre adressée au roi Philippe II, Mendoza l'ambassadeur d'Espagne lui rapporte: «Jacques Clément disait à ses familiers qu'il lui arrivait de rêver qu'on le tirait à quatre chevaux sans qu'il ressentît aucune douleur. Cela, et le fait de voir le roi excommunié, lui avait donné beaucoup de courage[1].»

On pourrait penser que ces rêves n'étaient que des rêves d'anticipation. L'inconscient aurait pu créer ces mises en situation oniriques pour préparer le moine à affronter le sort qui l'attendait. Or, c'est la connaissance que le châtiment serait appliqué, sans qu'il en ressente aucune douleur, qui confère à ce rêve sa singularité.

Le second exemple concerne également un assassinat, celui de l'archiduc François-Ferdinand de Hongrie. Cet événement fut d'une grande portée historique, car il déclencha la guerre 1914-1918.

Le 28 juin 1914, l'évêque Joseph Lanyi de Grosswarden rêva de l'assassinat de l'archiduc François-Ferdinand de Hongrie, au cours d'un attentat à Sarajevo[2]. Il tenta

---

1. Tiré du livre d'Hélène RENARD et Isabelle GARNIER, *Les Grands Rêves de l'Histoire,* Neuilly-sur-Seine, Michel Lafon, 2002, p. 134.
2. Tiré du livre de Robert L. VAN DE CASTLE, *Our Dreaming Mind*, New York, Ballantine Books, 1994, p. 29.

vainement de prévenir l'archiduc. Le rêve était d'une si grande intensité dramatique et comportait tant de détails, que l'évêque exécuta le dessin de la scène visualisée en rêve. Il communiqua ensuite ce dessin à son propre frère, Edward, un prêtre jésuite.

Or, ce dessin s'est avéré très concordant avec les photographies prises par la suite sur la scène du meurtre et publiées, plusieurs jours après, dans différents journaux. Le seul détail discordant entre le rêve et l'événement réel était le fait qu'il y avait un seul assassin, et non deux, comme sur le dessin de l'évêque.

Abordons maintenant des rêves prémonitoires typiques beaucoup plus récents, dont celui de Liza-Jane. Dans les annales, ce rêve compte parmi ceux dont l'exactitude est la plus rigoureuse. Malheureusement, il s'agit d'un drame à nous glacer le sang dans les veines :

Un soir de 1959, dans la ferme Longwater, Liza-Jane Fossett, une fillette de 12 ans originaire de Nouvelle-Zélande, fait un cauchemar. Elle se réveille en hurlant, et bien que sa mère tente par tous les moyens de la rassurer, elle dort à peine jusqu'au matin. Au cours de son rêve elle est assaillie par un homme grand, vêtu d'un jeans et dont le bras gauche a un tatouage très particulier. Il s'agit d'un dragon empalé par une épée. Elle raconte : « Il essayait de m'étrangler, je ressens encore la sensation d'étouffement. C'était horrible ! »

Sa mère se demande si elle ne doit pas la retenir à la maison le jour suivant, mais comme il s'agit d'un congé scolaire, elle lui permet d'aller faire une promenade en poney. Elle ne revint jamais.

La fillette fut retrouvée sur le côté de la route, étranglée comme dans son rêve. Dans une main, elle tenait un minuscule morceau de jeans. Quelque temps après, un ouvrier agricole de 39 ans en chômage fut arrêté à environ trente kilomètres de là. Il reconnut sa culpabilité dans le meurtre de la petite fille et fut condamné à la prison à vie. Il avait un dragon tatoué sur son avant-bras gauche[1].

Les rêves prémonitoires d'une telle exactitude sont extrêmement rares car, nous le verrons un peu plus loin, des distorsions interviennent généralement dans le scénario du rêve par rapport aux faits réels.

Quittons ce drame horrible et abordons deux récits heureux de rêves prémonitoires typiques. Dans les deux cas, ils se sont avérés très concordants par rapport aux événements subséquents. Mireille Provost, cinquante-huit ans, intervenante en relation d'aide par le *rebirth,* avait seize ans lors de ce premier rêve prémonitoire :

On doit me présenter un jeune homme nommé Richard. La nuit précédant cette rencontre, je fais le rêve suivant : Richard ne peut venir à la rencontre et, à la place, on me présente un autre garçon nommé Sylvain X. Ce dernier m'amène chez ses parents, pour me les présenter. Sa petite sœur, toute contente, vient me montrer un bracelet qu'elle a reçu en cadeau et dont elle est très fière. Je me sens un peu intimidée mais heureuse. Je me réveille.

Le lendemain, mon amie me téléphone pour me dire que Richard a un empêchement mais qu'un autre copain viendra à sa place. Il se nomme Sylvain X comme dans mon rêve ! Je suis bouche bée. Il vient me chercher. Physiquement, il est identique au garçon de mon rêve. Il me propose de l'accompagner chez ses parents. Tout est identique à mon rêve : l'attitude, la physionomie de sa

1. Cette histoire citée dans un livre d'Henri Prémont a été publiée dans la revue anglaise *Jezebel.*

mère, l'arrivée de sa petite sœur, le bracelet reçu en cadeau, les paroles prononcées, la disposition des meubles, les couleurs... tout! Je n'en crois pas mes yeux.

Ce rêve laisse la rêveuse dans un état d'étonnement profond et la sensibilise à l'univers des rêves. Elle leur prête davantage attention. Le second rêve de Mireille à se réaliser point par point survient vingt-trois ans plus tard.

En 1985, mon conjoint et moi étions à la recherche d'une maison. Quelques jours précédant une visite, je fais le rêve suivant: J'entre dans une maison spacieuse. Il y a quelque chose de très original: au rez-de-chaussée, deux escaliers donnent accès aux chambres du deuxième étage, un premier à l'avant, près de la porte principale, et l'autre, à l'arrière, à partir de la cuisine. Ça me semble curieux. On nous amène en haut visiter les chambres. Je remarque tous les détails, les couleurs, les petits rideaux, les plafonds en angle. Nous redescendons et parlons aux deux propriétaires. Ils sont bien gentils. Je me réveille.

Effectivement, quelques jours plus tard, nous visitons une maison à L'Assomption. Tout est identique à ce que j'avais vu en rêve. C'est une sensation assez particulière que de se retrouver au même endroit, et dans les mêmes circonstances et avec les mêmes personnes.

Ce second rêve prémonitoire a un impact différent du premier, car Mireille sait depuis longtemps que certains rêves peuvent révéler le futur de façon exacte. Il suscite par ailleurs un réel étonnement face à son caractère nettement imprévisible.

Renée-Louise Patout, soixante-sept ans, éducatrice consultante et monitrice en francisation, a fait ce très beau rêve prémonitoire d'un événement survenu en l'an 2000.

Je rêve que je me promène dans mon quartier. C'est l'été et un vent fort souffle et m'empêche de maîtriser ma démarche. Par moments, je vacille, mais rien ne m'arrête. J'avance et je résiste au vent, car je suis à la recherche d'un foulard signé, violet, avec de petites lignes de couleur.

Trois jours plus tard, je décide de faire une grande promenade. Cette journée-là, il pleut et il vente, c'est l'automne. Je suis au coin de la rue Laurier et de l'avenue du Parc, à Montréal. Un foulard violet, signé Monique Martin, avec de petites lignes de couleur, comme dans mon rêve, par un coup de vent se colle à mon cou, du côté gauche. J'ai toujours ce foulard.

Pour Renée-Louise, il s'agissait du deuxième rêve prémonitoire d'importance dans sa vie. Lorsque l'événement s'est réalisé, elle a immédiatement établi le lien avec son rêve ; elle s'est sentie envahie d'une sorte de magie :

La journée où j'ai « reçu » ce foulard, tout y était : la nature, l'automne, la pluie que j'adore. C'était complet, il ne manquait rien. Ce sentiment de plénitude m'a habitée longtemps. Encore aujourd'hui, je retrouve ce bien-être quand je remets mon foulard. Je le regarde avec les mêmes yeux, comme si je venais de le recevoir, comme si c'était la première fois.

Une autre rêveuse, Danielle L'Heureux, quarante-sept ans, naturopathe, expérimente fréquemment des rêves qui se réalisent par la suite. Généralement, ceux-ci sont de portée très positive. À l'automne 2003 :

Je rêve que je prends un apéro avec mon amoureux sur une terrasse surplombant la mer.

Au moment de ce rêve, il n'y avait aucun projet de mariage ni aucun voyage en vue. En septembre 2004, Danielle se marie et le couple décide d'aller en voyage de noces en Italie. Au retour de voyage, elle communique ce qui suit :

> C'était un voyage merveilleux et la côte était exactement comme je l'avais vue dans mon rêve. Je ne savais pas à ce moment-là qu'il s'agissait de la côte amalfitaine, en Italie.

Pour Danielle, ces rêves sont des petits clins d'œil de la vie. Elle les accueille avec joie. Ils créent chez elle une anticipation heureuse qui favorise certainement leur réalisation.

Une autre rêveuse, Julie, technicienne de laboratoire, a vécu ce rêve alors qu'elle travaillait dans un grand hôpital de Montréal. À cette époque, elle notait ses rêves depuis déjà cinq ans :

> Une nuit, au cours d'un rêve, je vois uniquement le visage d'un homme. Ce visage m'est inconnu, mais je ressens une belle complicité avec cet homme.

Or, une semaine plus tard, un nouveau médecin arrive à son département pour un stage de six mois. Elle reconnaît le visage vu en rêve. Très tôt, un intérêt mutuel s'installe entre Julie et ce médecin, et peu de temps après, débute une relation amoureuse.

Le rêve de Julie, pourtant très bref, est venu semer un espoir, celui de rencontrer un compagnon de vie avec qui elle vivrait une relation harmonieuse. Les événements ont confirmé son rêve.

INEXACTITUDES DES RÊVES
PRÉMONITOIRES TYPIQUES

Un rêve prémonitoire exact à 100 % par rapport à l'événement subséquent est extrêmement rare. Le plus souvent, il présente des différences avec l'événement réel. Certains détails sont estompés, brouillés ou inexacts. Voici des exemples intéressants de distorsions intervenues dans des rêves prémonitoires.

L'écrivain britannique Charles Dickens (1812-1870) a consigné dans son *Journal*[1] le rêve prémonitoire suivant :

> J'ai rêvé que je voyais une dame portant un châle rouge et qui me tournait le dos. Lorsqu'elle se retourna, je m'aperçus que je ne la connaissais pas et elle me dit : « Je suis Miss Napier. » Dickens était très perplexe : pourquoi avoir rêvé à une telle chose ?

Le même jour, un vendredi, dans la soirée, une femme de sa connaissance accompagnée de son frère entrèrent dans la pièce où se trouvait Dickens. Ils étaient accompagnés par une dame portant un châle rouge. Il s'agissait bien de la dame du rêve. Celle-ci lui fut présentée comme étant Miss... Natier.

Il y a donc ici une petite distorsion de nom. Autre différence : la dame ne se présente pas elle-même, elle est présentée par une tierce personne. Dans ce rêve parapsychique, ces différences sont subtiles mais néanmoins réelles par rapport à l'événement vécu.

---

1. Tiré de J. PIERRE et M.-C. JACQUET, *Inexpliqué, le monde de l'étrange, de l'insolite et du mystère*, vol. 6, Québec, Éditions Grolier limitée, 1983, p. 558.

Voici un rêve plus récent, cette fois, rapporté par Francine Poirier, secrétaire âgée de cinquante-deux ans. Elle n'a jamais oublié ce rêve qui a marqué ses onze ans. Or, l'événement dramatique s'est réalisé six ans plus tard :

> Je suis dans une grande salle, entourée de colonnes et dont le sol est recouvert de dalles noires et blanches, en forme de damier. Ma mère est dans la cuisine, la tête penchée au-dessus du poêle. Le feu prend subitement dans ses cheveux et se répand ensuite ailleurs sur son corps.
>
> À l'été 1969, ma mère travaillait dans un restaurant comme maître d'hôtel. Tandis qu'elle remplissait un petit poêle à alcool, celui-ci a explosé. Sous l'effet de la surprise, elle sursauta et s'aspergea d'alcool, de sorte que le feu se répandit d'abord à ses cheveux, puis à son visage et ailleurs sur sa personne.

Quel rêve bouleversant pour cette fillette ! Est-il étonnant que Francine ait fait un tel rêve, relié à la sécurité d'un membre de sa famille ? Pas le moins du monde ! Déjà toute petite, elle se souciait continuellement du bien-être de tous les siens. À l'époque, elle avait raconté à sa mère ce rêve angoissant, mais celle-ci n'y avait vu qu'un rêve sans importance, un cauchemar qu'on s'empresse d'oublier. Le récit de sa fille a-t-il néanmoins suscité chez elle davantage de prudence pour un temps ? Nul ne peut répondre.

Lorsque survient un rêve d'avertissement, il est important de noter tous les détails ; toutefois, ceux-ci ne doivent pas nécessairement être pris au pied de la lettre. Ainsi, dans le rêve de Francine, l'événement principal concorde en tout point avec celui du rêve, mais le détail des lieux ne correspond pas. L'important est donc de bien cerner le message, l'avertissement du rêve, dans sa globalité.

Il demeure que l'expérience d'un premier rêve prémonitoire, peu importe la nature du rêve, peut s'avérer une expérience fort traumatisante.

L'EXPÉRIENCE
DU « PREMIER » RÊVE PRÉMONITOIRE

En général, lorsque survient un premier rêve prémonitoire, le rêveur est pris au dépourvu. Surtout si ce rêve a une portée dramatique, il peut ressentir un choc intense, un traumatisme, et développer une énorme appréhension à l'idée de vivre la même expérience. Certains vont même décider de tourner radicalement le dos à leurs rêves pour éviter à tout prix de revivre l'expérience.

Or, à partir du moment où une personne vit un rêve qui se réalise ensuite tel quel, elle devient consciente que tous ses rêves sont susceptibles d'être révélateurs du futur.

Denise Roussel, une des pionnières en psychologie transpersonnelle au Québec[1], a fait un jour un rêve prémonitoire qui fut très marquant pour elle. Elle relate :

> J'avais 25 ans lorsque j'ai fait pour la première fois un rêve prémonitoire extrêmement précis. Le lendemain, lorsque le rêve s'est reproduit sous mes yeux dans le réel,

---

1. Denise Roussel a été particulièrement connue pour son livre *Le Tarot psychologique, miroir de soi,* publié aux Éditions Mortagne en 1983. Elle est décédée le 1er mai 1998, à l'âge de soixante-quatre ans.

j'ai été terrifiée. J'ai cru que je devenais folle! Ce rêve surgi de nulle part ébranlait toutes mes convictions intellectuelles de l'époque. Alors, j'ai fait comme tout le monde; j'ai refoulé une partie de moi-même qui avait accès aux dimensions supérieures.

Elle ajoute encore :

En psychologie je n'avais rien appris pour expliquer ces phénomènes, une expérience de ce type. Je me suis dit «Denise, arrête ça!» Je n'ai plus eu de phénomènes pendant 10 ans[1].

Quel est ce rêve qui a causé un tel impact? On pourrait s'attendre à un rêve prémonitoire d'accident ou de tout autre événement grave ou même tragique, mais ce n'est pas le cas. Ce rêve que Denise Roussel qualifie elle-même de «niaiseux, futile, terre à terre», le voici, dans ses propres mots :

J'étudiais pour le doctorat. Nous avions une seule auto et c'est mon mari qui s'en servait. C'est un confrère qui venait me chercher.

J'avais rêvé que ce matin-là nous rencontrions un copain du nom de Pierre, qu'il nous voyait de l'autre côté de la rue, qu'il nous saluait et venait nous rejoindre pour se rendre à l'université avec nous. J'allais raconter le rêve quand j'ai vu le copain et la scène se dérouler comme je l'avais vu dans mon rêve. Ce fut comme la réplique d'un film. J'ai eu peur.

1. Tiré de Marie-France CLÉROUX et Ghislain TREMBLAY, *Le Futur vécu*, Boucherville, Éditions de Mortagne, 1979, p. 204 et d'Éric PIGANI, *Channels, les médiums du Nouvel-Âge*, Paris, L'Âge du Verseau, 1989, p. 122.

Ici, il est clair que c'est la parfaite concordance entre le rêve et l'événement réel qui a causé un choc à la rêveuse et non l'importance ou la gravité de la situation en elle-même.

Or, ce n'est que plusieurs années plus tard, dans les années soixante-dix, au cours d'un symposium de psychologie humaniste tenu aux États-Unis, que Denise Roussel fait cette découverte : le phénomène psychique qu'elle a vécu n'est pas un cas isolé ; la psychologie humaniste reconnaît ce type d'expérience comme normal. À ce moment-là, elle a senti : « Je pouvais reprendre, j'avais le O.K. de la science. » Enfin l'embargo était levé ! Elle pouvait se reconnecter à sa propre dimension psychique.

À partir de là, elle prit connaissance des plus récentes recherches effectuées en U.R.S.S., en Europe et en Amérique au sujet de la parapsychologie et elle orienta les siennes sur les pouvoirs parapsychiques de l'esprit humain.

Cet exemple illustre pertinemment à quel point un esprit non préparé à vivre un tel phénomène peut en être perturbé. Soulignons à nouveau que Denise Roussel était étudiante en psychologie, à l'époque où est survenu ce premier rêve prémonitoire. Malgré tout, il est permis de penser qu'elle était sans doute mieux préparée à vivre un tel phénomène que quiconque de moins informé sur la psyché humaine. Et pourtant, sa réaction à ce premier rêve prémonitoire a été assez marquante.

Parmi les rêves prémonitoires typiques existe une catégorie de rêves qui ne concernent pas seulement le rêveur ou ses proches, mais bien l'avenir d'un groupe élargi de personnes, et même d'une ville ou d'un pays. Certains auteurs parleront de « précognition de masse » pour ces rêves prémonitoires à portée collective.

LES RÊVES PRÉMONITOIRES
D'ÉVÉNEMENTS COLLECTIFS

Il semble que la majorité des grandes catastrophes survenues au cours de l'Histoire ont fait l'objet de prémonitions ou de rêves prémonitoires. Si ces rêves reconstituent les événements de façon précise, toutefois, certains détails sont fréquemment manquants, notamment la date et le lieu exacts où ils auront lieu, empêchant par là même toute action préventive. Certains cas de prémonition onirique relatés dans la littérature et relatifs à des événements collectifs demeurent inoubliables.

L'ingénieur britannique John William Dunne[1], qui dessina les plans du premier avion militaire anglais, a rêvé, avec force détails, à l'irruption de la montagne Pelée, en Martinique, survenue le 8 mai 1902. Quelques jours avant l'irruption, il fit le rêve suivant :

> Il se vit lisant un titre du *Daily Telegraph* annonçant la catastrophe ainsi que la destruction de la ville de Saint-Pierre, située au pied du volcan. L'irruption volcanique causait la mort de 4 000 personnes.

Or, il y eut en réalité 40 000 victimes, inexactitude au cœur d'une prémonition véritable[2]. Mentionnons que Dunne était un rêveur parapsychique prolifique. Très souvent, il rêvait de l'article de journal qui l'informait d'un

---

1. Tiré de J. Pierre et M.-C. Jacquet, *Inexpliqué, le monde de l'étrange, de l'insolite et du mystère*, vol. 6, Québec, Éditions Grolier limitée, 1983, p. 559.
2. Tiré de Hélène Renard, *Les Rêves et l'au-delà,* Paris, Éditions du Félin, 2001, p. 187.

événement et non de l'événement lui-même. Dans les années vingt, il publia six ouvrages sur les rêves prémonitoires, le plus célèbre en 1927, *Expérience sur le temps,* dans lequel il tente d'expliquer la prémonition par une théorie sur le temps.

Le naufrage du *Titanic,* survenu le 10 avril 1912, a également fait l'objet de prémonitions diverses, à l'état d'éveil et en rêves. Dans les deux semaines ayant précédé le départ du célèbre bateau, des témoignages ont fusé d'Angleterre, d'Amérique, du Canada et du Brésil. Ian Stevenson[1], un psychiatre de l'université de Virginie, a rassemblé ces témoignages et a validé 19 d'entre eux, dont plusieurs sont issus de rêves prémonitoires.

Un des cas les plus notoires relatés dans la littérature est certainement la catastrophe survenue le 21 octobre 1966, dans le petit village d'Aberfan, au pays de Galles. L'éboulement du terril d'une mine de charbon a enseveli une école et une dizaine de maisons, causant la mort de 28 adultes et de 116 enfants.

Un journal populaire, le *News of the World,* a lancé un appel à la population : « Avez-vous eu une prémonition au sujet d'Aberfan ? » De nombreux lecteurs ont répondu à l'appel et ont rapporté avoir eu des prémonitions. Tous les témoignages furent soumis à un contrôle très serré. Ne furent retenus que les cas de prémonitions ayant été certifiées par au moins deux témoins dignes de foi, soit au total 7 cas sur 200.

La presse ne fut pas la seule à analyser le phénomène. Le Centre de recherches psycho-physiques d'Oxford et le psychiatre londonien J. Barker ont également recueilli

---

1. Voir *Les Pouvoirs des voyants ou la vie d'avance,* Paris, Éditions Tchou, 1978, p. 74.

des témoignages provenant de personnes qui affirmaient avoir eu la prémonition de cette tragédie. À nouveau, après vérifications rigoureuses, 35 témoignages de prémonitions ont été retenus comme hautement dignes de confiance, dont 25 provenaient de rêves prémonitoires. Le résultat de cette enquête fut stupéfiant. Chaque personne avait vu, en rêve, un fragment de l'événement à venir. L'ensemble de tous les récits donnait une description absolument exhaustive du désastre.

Les rêves prémonitoires les plus pathétiques relatifs à cette tragédie ont été faits par une petite fille de six ans, Eryl Mai Jones.

> Par deux fois au cours de la semaine ayant précédé la tragédie, Eryl avait dit à ses parents avoir rêvé qu'«un grand nuage tout noir» l'enveloppait et l'emportait. Un matin, Eryl Mai insista davantage auprès de sa mère pour qu'elle écoute son rêve: «Nous allons à l'école, mais il n'y a plus d'école; quelque chose de noir a tout recouvert.» Elle ajouta: «Je n'ai pas peur de mourir, maman. Je serai avec Peter et June.»

Quand l'éboulement du terril recouvrit l'école deux jours plus tard, Eryl Mai, Peter et June étaient parmi les 116 enfants écrasés ou enterrés vivants. Voilà un exemple pathétique de rêve prémonitoire qui ne prend tout son relief, malheureusement, qu'après l'événement.

LES RÊVES PRÉMONITOIRES PARTAGÉS

Il existe une catégorie de rêves prémonitoires au cours desquels deux ou plusieurs personnes font le même rêve simultanément (ou durant la même nuit), et ce, en relation avec le même événement à venir. Il s'agit de « rêves prémonitoires partagés ». Ici, on fait surtout référence à des rêves partagés par des gens de même famille ou dont les liens sont étroits. Ce type de rêves est beaucoup plus courant qu'on ne le pense. À noter toutefois que les rêves partagés ne sont pas nécessairement prémonitoires.

Dans la littérature, il existe relativement peu de récits authentiques de rêves prémonitoires partagés. David Ryback relate notamment celui-ci[1] :

> Une femme rêva que son époux, qui était pilote dans la réalité, tentait de faire décoller un avion, mais avait des difficultés à passer au-dessus des lignes électriques. Au matin, elle raconta son rêve à son mari. Celui-ci lui répondit qu'il avait fait le même rêve. Une semaine plus tard, l'avion s'écrasa, n'ayant pas réussi à prendre suffisamment d'altitude.

D'une certaine façon, il est possible que les rêves prémonitoires d'événements collectifs chevauchent en partie les rêves prémonitoires partagés, en ce sens qu'un événement collectif peut avoir été prévu en rêve par une ou plusieurs personnes. Dans un cas comme dans l'autre, il est très possible que la télépathie intervienne également, pour une bonne part, dans ce type de rêves. En effet, un rêveur peut avoir capté l'information prémonitoire au contact du psychisme d'un autre rêveur. Par conséquent, on serait alors en présence d'un rêve prémonitoire provenant d'un premier rêveur et d'un rêve télépathique

---

1. David RYBACK et Letitia SWEITZER, *Les Rêves prémonitoires, comment les interpréter*, Paris, Éditions Sand, 1990, p. 78.

provenant d'un second (ou de plusieurs autres) rêveur(s). Il est pratiquement impossible de départager les deux.

LES RÊVES PRÉMONITOIRES
PAR SUBSTITUTION

Les rêves prémonitoires de cette catégorie peu fréquente décrivent des situations qui vont éventuellement se réaliser, mais selon deux scénarios possibles :

• *Les événements sont conformes au rêve, mais c'est une autre personne qui vit l'événement. Le rêveur vit le rêve à la place de quelqu'un d'autre.*

Ainsi, une personne rêve qu'elle a un grave accident alors qu'elle est au volant de son véhicule. Son auto est violemment heurtée par un autre véhicule et, sous la force de l'impact, c'est comme si sa tête était projetée contre un mur. Elle voit du sang se répandre sur son visage.

Elle se réveille brusquement et se remémore les détails de la scène. Au matin de ce rêve bouleversant, elle reçoit un appel l'informant du décès de son frère au cours d'un accident d'automobile.

Les circonstances de l'accident sont celles qu'elle a vécues en rêve, mais c'est son frère qui en est la victime. Il s'agit d'un rêve prémonitoire par substitution.

• *Le rêveur vit une situation dans le rêve, mais avec un autre corps que le sien ; le rêveur a l'impression d'être quelqu'un d'autre.*

Lorsque les événements du rêve se réalisent, c'est effectivement une autre personne, et non le rêveur, qui vit l'événement. Au moment du rêve, c'est comme s'il y avait identification du rêveur avec la personne en cause.

Ce type de transfert implique généralement une personne qui a une relation étroite avec le rêveur. Toutefois, on a relevé certains cas de rêves prémonitoires par substitution relatifs à de purs inconnus.

Devant la rareté de tels rêves, référons-nous de nouveau aux précieux témoignages de David Ryback[1]. Il cite le cas très surprenant d'un rêve prémonitoire par substitution qu'un adulte a vécu alors qu'il était âgé de cinq ans et qui met en jeu, cette fois, un animal :

«J'étais un lapin et je courais littéralement pour sauver ma peau. Quelque chose me poursuivait et je savais que j'allais mourir, mais je cherchais jusqu'au bout à échapper à mon sort. Je me souviens encore nettement de cette sensation d'être un lapin – les pattes puissantes, la fourrure douce. La seule chose que je me rappelle avoir vue, tandis que je courais dans l'obscurité, était une barrière aux piquets blancs.»

Au matin, l'enfant se réveilla en tremblant et transpirant comme s'il avait couru. Il mentionna :

«Je restai éveillé assez longtemps, réfléchissant à ce rêve et m'émerveillant de la sensation stupéfiante que j'avais ressentie d'être un lapin.»

Or, le matin suivant, son père avertit les membres de la famille de ne pas regarder par le soupirail menant à la cave, car s'y trouvait un gros lapin blanc, mort et en partie dévoré. Ce n'est que plus tard dans la journée, que l'enfant remarqua que les petits piquets blancs sur le terrain familial étaient identiques à ceux de son rêve.

---

1. David RYBACK et Letitia SWEITZER, *Les Rêves prémonitoires, comment les interpréter*, Paris, Éditions Sand, 1990, p. 73.

Mentionnons que Ryback nomme «rêves prémonitoires par procuration» cette catégorie de rêves que nous venons de décrire.

Les rêves prémonitoires qui affluent à notre conscience pendant notre sommeil ne sont pas tous clairement mémorisés. Certains d'entre eux vont poindre dans des circonstances particulières.

PRÉMONITIONS
ET RÊVES PRÉMONITOIRES OUBLIÉS

Certaines prémonitions peuvent se manifester de façon si subtile dans la vie éveillée ou en rêve que la mémoire consciente n'en garde apparemment aucun souvenir. Quelques-uns de ces avertissements semblent s'enregistrer dans le subconscient. Aussi certaines personnes vont-elles ajuster leurs actions en conséquence en changeant parfois leurs plans, obéissant de la sorte à une impulsion inexplicable. Des études sont venues confirmer ce point.

En effet, en 1960, W. F. Cox a examiné les listes de passagers impliqués dans des accidents de trains entre 1950 et 1955. Il a comparé le nombre de passagers dans le train le jour de l'accident au nombre de passagers dans le même train au cours des sept jours précédents. Il a trouvé que, certains jours où il s'était produit des accidents de trains, il y avait eu une diminution très significative du nombre de passagers.

Un exemple certainement spectaculaire d'accident de train est celui du *Chicago & East Illinois Georgian* qui n'avait que neuf passagers le jour de l'accident, survenu le 15 juin 1952. Or, cinq jours avant, il transportait, de façon plus habituelle, soixante-deux passagers. Cox en a conclu que beaucoup de ceux qui avaient prévu voyager par ce train avaient inconsciemment modifié leurs plans ou raté le train en arrivant en retard, obéissant ainsi à un pressentiment ou à un rêve prémonitoire non clairement mémorisé.

Le même phénomène semble intervenir pour les naufrages de bateaux. Le *Titanic* transportait seulement 58 % des passagers possibles lors de son premier voyage à l'issue si tragique survenue le 10 avril 1912. Certains passagers avaient annulé leur voyage après avoir rêvé au sort éventuel du bateau ; d'autres avaient invoqué comme justification que cela portait malheur de participer au premier voyage d'un bateau. Quelques-uns des survivants ont dit s'être sentis mal à l'aise à l'idée d'entreprendre ce voyage, mais avaient quand même persisté dans leur décision. Ce dernier point a été peu considéré pour les fins de la recherche, car le sentiment de malaise évoqué par les survivants pouvait avoir été engendré après l'événement.

Les impressions de déjà-vu

Dans certaines situations, il nous arrive pour la plupart de ressentir cette impression de déjà-vu, comme un rappel de quelque chose de familier. Nous avons une vague sensation de connaître un lieu, même si c'est la première fois que nous nous y rendons, nous reconnaissons la scène se déroulant sous nos yeux, nous savons à l'avance ce que notre interlocuteur va dire. Selon Louisa Rhine[1], ces impressions de déjà-vu, que nous éprouvons à un moment ou l'autre, seraient issues de rêves prémonitoires oubliés.

---

1. Voir Catherine PASQUIET et Michel FROMENT, *Les Pouvoirs des voyants ou la vie d'avance*, Éditions Tchou, 1978, p. 79.

L'événement qui se concrétise fait un rappel de certains éléments plus ou moins précis de rêves passés.

Chantal Raymond, psychothérapeute âgée de quarante ans, travaille activement ses rêves depuis 1983. Elle nous livre une expérience concrète de déjà-vu, survenue alors qu'elle avait dix-sept ans.

> J'étais en préparation pour un examen de physique. La veille, j'ai étudié mes formules et me suis couchée en pensant à l'examen du lendemain. Ce matin-là, je me suis levée confiante. Lorsque j'ai commencé l'examen, j'ai réalisé que toutes ces questions, je les avais déjà vues. J'ai résolu les problèmes avec assurance. Je me souviens que, durant l'examen, je me suis même demandé si le professeur nous avait déjà fait passer ce test. À la sortie du cours, j'ai vérifié auprès d'une compagne si elle se souvenait d'avoir fait en classe cet examen en guise de pratique. Elle me dit: «Non, jamais!»

En fait, cette expérience suggère qu'en rêve Chantal a effectivement pris connaissance de l'examen à venir, même si elle n'a pu, comme tel, retrouver le souvenir de ce rêve.

Pendant longtemps, cette expérience est restée incompréhensible pour Chantal. Ce n'est qu'à l'âge de vingt-deux ans que celle-ci eut une explication de ce phénomène dans le cadre d'un cours sur les rêves.

François Champagne, cinquante-six ans, a également vécu une expérience de déjà-vu. Au printemps 1973, il commençait un stage en soins infirmiers au département de chirurgie d'un grand hôpital.

> À la fin de ma première journée au bloc opératoire, on m'a confié la tâche de vérifier toutes les armoires

contenant le matériel chirurgical (bandages, seringues, scalpels, etc.). Je devais remplacer tous les articles utilisés durant la journée. On m'a donc remis une liste d'une soixantaine d'articles, indiquant le quota requis pour chaque article. Je me suis mis à la tâche. J'ai réalisé que cette liste m'était familière. J'étais abasourdi. J'ai à peine eu besoin de la consulter pour savoir les quotas d'articles requis dans les armoires et pourtant je n'avais jamais vu cette liste auparavant.

François était très intrigué; ce qu'il venait de vivre touchait à l'impossible, à l'impensable. «Comment ai-je fait?» se demandait-il. Cet événement l'a amené à entreprendre différentes lectures en parapsychologie pour tenter de comprendre ce qu'il avait vécu. Or, il est très possible, voire probable, que François ait visualisé cette liste de façon anticipée en rêve, sans en avoir gardé un souvenir conscient.

Les impressions de déjà-vu ont fait l'objet de recherches diverses, et des chercheurs de différentes disciplines ont mis de l'avant d'autres hypothèses explicatives de ce phénomène déroutant[1]. Certains évoquent la possibilité de réminiscences de vies antérieures ou encore la présence de télépathie. D'autres expliquent le phénomène par un simple retard dans le transfert d'informations d'un hémisphère du cerveau à l'autre. Des neurologues avancent également l'idée qu'elles proviendraient d'un mauvais fonctionnement du lobe temporal, région cérébrale liée à la mémoire. La médecine neurologique nomme *paramnésie* le trouble de la mémoire se traduisant par de fausses reconnaissances et par l'illusion de déjà-vu ou de déjà-vécu. Il existerait différentes formes de paramnésies.

---

1. Voir RÉDACTEURS des Éditions Time-Life, *Les Secrets du subconscient,* Amsterdam, Éditions Time-Life, 1994, p. 87.

Les psychologues, pour leur part, perçoivent les impressions de déjà-vu comme étant liées aux motivations inconscientes. L'esprit manipulerait son sens du temps, afin de créer un sentiment de familiarité rassurante par rapport à une situation donnée.

Ces divers éclairages du déjà-vu montrent que le débat n'est pas clos ; il reste encore beaucoup à découvrir. L'hypothèse des rêves prémonitoires oubliés demeure une vision très plausible de ce phénomène.

CHAPITRE 3

Les rêves prémonitoires symboliques

C ontrairement aux rêves prémonitoires typiques qui se réalisent tels quels, les rêves prémonitoires symboliques portent un message codé. Ils transmettent leur information ou émettent un avertissement concernant une situation future potentielle à l'aide d'une métaphore ou d'un ensemble de scènes symboliques. Il faut décoder les symboles du rêve pour comprendre ce qui est annoncé.

D'HIER À AUJOURD'HUI

La Bible abonde en récits de rêves prémonitoires symboliques. Parmi les plus célèbres, on ne peut omettre de citer les deux songes du Pharaon[1].

Dans le premier, il rêva que sept vaches maigres et laides dévoraient sept vaches grasses et belles. Dans le second,

---

1. Tiré de la Bible, la Genèse, chapitre 41.

sept épis minces et flétris engouffraient sept épis bien nourris.

Il soumit ses rêves à ses magiciens et devins, mais aucun ne parvint à donner une interprétation satisfaisante. Même si le Pharaon ne comprenait rien *a priori* du sens de ces rêves, il pressentait leur importance. Il s'adressa finalement à Joseph, un esclave hébreu qui avait la réputation de comprendre les songes.

Joseph annonça au Pharaon que les sept vaches grasses symbolisaient sept années d'abondance qui seraient suivies par sept années de famine (les sept vaches maigres). Au cours de ces années difficiles, les récoltes amassées pendant les sept années d'abondance s'épuiseraient. Le second rêve venait en quelque sorte confirmer le premier.

Joseph suggéra ensuite au Pharaon de mettre de côté, chaque année, un cinquième du revenu du pays durant la période d'abondance, en prévision des années de famine qui suivraient. Le Pharaon suivit les conseils de Joseph et sauva ainsi son peuple de la souffrance et de la faim. Pour avoir su interpréter correctement les rêves, Joseph sortit de prison et reçut tous les honneurs : il devint vice-roi d'Égypte.

Environ cinq cents ans avant la naissance du Christ, une jeune fille du nom de Maya, la future mère de Bouddha, fit le rêve suivant :

Elle jouait avec un bébé éléphant, pur et parfait. Puis, le minuscule éléphant blanc pénétra dans son ventre. Lorsqu'elle se réveilla, elle perçut son rêve comme le signe qu'elle donnerait un jour naissance à un enfant tout aussi pur et parfait.

Les brahmanes[1] interprétèrent ce songe comme annonciateur de la naissance d'un grand chef. Elle donna effectivement naissance à Siddhârta Gautama, celui qui fut par la suite surnommé le Bouddha, qui veut dire « éveillé ».

Malheureusement, un certain nombre de rêves prémonitoires symboliques, à portée historique, sont peu réjouissants. Celui de Jacques Clément, le moine qui assassina Henri III, en 1589, a été raconté précédemment. Or, le roi lui-même avait fait un rêve l'avertissant de son triste sort :

Trois jours avant son assassinat, celui-ci rêva que les tuniques et vêtements royaux, son orbe et son sceptre étaient souillés de sang et piétinés par les moines[2].
Ce rêve, confié à ses onirologues[3], a été perçu comme annonciateur de mort, ce que les événements confirmèrent.

Ce rêve éloquent ne reproduit pas textuellement la scène de l'assassinat, mais révèle de manière symbolique l'atteinte à la vie de l'empereur. La présence des moines dans le rêve constitue un détail pertinent.

Quittons maintenant ce passé un peu lointain pour des témoignages plus récents et voyons comment, en dépit de certaines distorsions, ces rêves sont reliés aux

---

1. Un brahmane est un membre de la caste sacerdotale, la première des quatre grandes castes hindoues.
2. Tiré de Robert L. Van DE CASTLE, *Our Dreaming Mind,* New York, Ballantine Books, 1994, p. 28.
3. Onirologie : étude des rêves.

événements qui se sont ensuite déroulés dans la vie des rêveurs. Du même coup, nous pourrons constater, malgré certaines images douloureuses, toute la richesse des métaphores présentes dans les rêves prémonitoires symboliques.

Nancy est décédée accidentellement le 16 avril 1997, à l'âge de vingt-quatre ans. La veille de son décès, elle fit ce rêve qu'elle confia à sa mère le matin même de l'accident. Le voici, tel que transmis par Catherine, sa mère :

> Nancy a rêvé qu'elle était seule dans une grande plaine de neige. Tout était blanc. Elle voyait quelque chose au loin. Elle a marché, marché. Elle a alors vu son cercueil. Il était ouvert et elle s'est vue dedans vêtue de son costume de voyage de noces. Nancy devait se marier le 17 juillet 1997.
>
> Déjà une semaine avant sa mort, Nancy avait un mauvais pressentiment. À quelques reprises, elle avait dit à sa mère : «Je ne porterai jamais ma robe de mariée, je ne me rendrai pas au pied de l'autel.»

Catherine est angoissée : d'abord, cette prémonition de Nancy, puis ce rêve… elle les ressasse continuellement dans sa tête. Comment prévenir quoi que ce soit alors que le rêve ne donne aucun détail? Or, elle-même et ses filles expérimentent fréquemment des rêves d'avertissement qui se réalisent, semble-t-il, de façon inéluctable. Catherine y voit un coup du destin ; pour elle, vivre avec ces pronostics est une réalité trop souvent présente dans sa vie et très difficile à gérer.

Catherine fait un retour sur le passé et raconte également un rêve très angoissant vécu quelques heures après la naissance de Nancy :

Elle entendit en rêve une voix d'homme lui dire : « Il ne reste que vingt-quatre... ». La dernière syllabe se perdit dans un écho... Elle se réveilla en sueur : heures ou ans ? Elle n'avait pas bien entendu.

Ayant perdu beaucoup de sang au cours de l'accouchement, Catherine est donc demeurée inquiète pour elle-même pendant vingt-quatre heures : elle pensait qu'elle allait mourir. Le lendemain, rien ne s'étant produit, elle se rassura et chassa ce rêve de sa pensée. Lorsque Nancy mourut à l'âge de vingt-quatre ans, son rêve refit surface et devint clair pour elle : il s'agissait de « vingt-quatre ans », c'est le temps de vie qui restait à Nancy.

Ce rêve prémonitoire est douloureux, même à entendre. Ces types de prémonition existent, mais il n'est pas dans la ligne de vie de tout le monde de les expérimenter. D'une certaine façon, il s'agit de cas extrêmes. Gardons-nous donc de généraliser et d'entretenir la crainte qu'un tel rêve, ou même une telle problématique, survienne dans notre vie.

Jacqueline nous confie deux rêves prémonitoires symboliques qui furent de précieux avertissements, même si les événements annoncés ne purent être évités. Le premier est survenu à l'hiver 1971 :

Je rêve qu'un éléphant fonce vers moi et me blesse au petit doigt de la main gauche. L'éléphant charge à nouveau et, cette fois, avec ses défenses, il me blesse au genou. Au troisième assaut, je m'écarte et évite de justesse une blessure à la tête. Je me réveille.

Le lendemain matin, mon mari et moi sommes allés faire de la motoneige le long de la rivière Saint-Maurice. Ben ouvrait le chemin, je le suivais avec ma motoneige. La route était mauvaise. Il fallait accélérer pour ne pas tomber dans le ravin. Je frôlais les arbres qui longeaient l'autre côté de la route. C'est là que je me suis coincée le petit doigt de la main gauche contre un arbre. J'ai eu peur, j'ai accéléré encore. J'ai juste eu le temps de me baisser, pour éviter de me frapper la tête contre une grosse branche qui traversait la route. À peine plus loin, mon genou s'est trouvé coincé entre la moto et un arbre. Je ne pouvais plus avancer. Mon mari a dû déplacer la motoneige pour dégager mon genou. Dès que la douleur au doigt et au genou s'est calmée, le rêve m'est revenu avec clarté. Je n'étais pas surprise, ça arrive souvent que mes rêves se réalisent.

En fait, ce beau rêve d'avertissement incitait la rêveuse à être prudente. Sur le coup, Jacqueline n'a pas perçu la mise en garde, sans doute à cause de la présence inusitée de l'éléphant. Après coup, ce rêve devenait d'une transparence inouïe. Malgré le contexte symbolique du rêve (les attaques d'un éléphant), celui-ci comporte des éléments qui concordent parfaitement avec l'événement réel : la blessure au petit doigt de la main gauche et celle au genou. L'information que la blessure à la tête serait évitée s'est également avérée exacte. Ce rêve est resté gravé dans l'esprit de Jacqueline, de même que le rêve suivant datant du début de novembre 2002 :

Je me promène avec ma fille et nous longeons des falaises. Le temps est noir, dangereux. Tout à coup, de grosses roches tombent de la falaise. Je pousse Pierrette contre la paroi rocheuse. Je me colle contre elle pour la protéger et je lui dis : «Attention! Les roches tombent juste devant nous!» Pierrette est blanche comme un drap. Je me réveille, bouleversée. Je suis certaine que ce rêve m'annonce quelque chose. Je me demande : «Qu'est-ce qui va m'arriver? Pourquoi ai-je rêvé ça?»

Peu après, Jacqueline reçoit la réponse à sa question. Son fils, influencé par une tierce personne, lui téléphone et l'accable d'injures, de reproches liés au passé. Elle se fait jeter la pierre. Cette avalanche d'insultes, aussi brutale qu'inattendue, aurait pu la détruire, mais elle a su intérieurement se mettre à l'abri.

Lorsque survient un tel rêve, Jacqueline se rassure : ses rêves d'avertissement se réalisent généralement dans les douze à vingt-quatre heures. Comme elle le dit : « Cela ne me fait pas trop longtemps à attendre. » D'aussi loin qu'elle se souvienne, les rêves ont toujours occupé une place importante dans sa vie. Elle tient compte de ce qu'ils lui montrent du doigt. Ce rêve-ci l'a mise sur ses gardes et l'a aidée à affronter la situation. Du fait de cet avertissement, elle s'est sentie moins vulnérable.

En avril 1992, Pierrette, la fille de Jacqueline, également une rêveuse prolifique, a fait le rêve suivant :

> Mon père est assis dans un fauteuil et un gros chat blanc l'attaque sournoisement, lui saute sur la jambe. Il donne alors un coup à l'animal du revers de la main et lui dit : « Décolle ! » Il se tourne vers moi et dit : « Je m'en suis débarrassé ! »
>
> C'est bien connu, Ben déteste les chats. Or, le lendemain de ce rêve, le père de Pierrette, atteint d'un cancer de la vessie, doit subir une intervention chirurgicale. Elle lui raconte son rêve. Il part confiant pour l'opération. Ce rêve lui permet de tenir le coup et de surmonter le stress de la situation. Après chirurgie et traitements, Ben est guéri de son cancer.

Un tel rêve est une bénédiction. Au-delà du réconfort qu'il a apporté à son père et aux autres membres de la famille, le rêve de Pierrette est venu rendre compte de l'issue de cette maladie. En effet, ce cancer sournois, Ben a réussi à s'en débarrasser.

Claire Beausoleil, une massothérapeute de soixante-douze ans, nous confie ce rêve concernant une de ses connaissances, Pauline, jeune femme frêle souffrant de tuberculose.

> J'entre dans une immense pièce complètement vide dans laquelle gît une petite personne étendue sur un très long matelas. Cette personne ressemble étrangement à Pauline. Tout à coup, sa mère entre et enroule le matelas comme pour aller le jeter dehors. Lorsqu'elle soulève le matelas, plié en deux sur son bras, par les deux bouts s'écoule ce qui ressemble à du sang séché. Je me réveille.
>
> J'appelle mon mari au travail pour lui dire que nous aurions un coup de téléphone qui nous annoncerait le décès de Pauline. Fidèle à lui-même, il n'en croit rien. Le lendemain, je reçois effectivement un appel confirmant son décès.

Dans le rêve de Claire, la mort est donc évoquée de manière symbolique, car les circonstances du décès de Pauline ne correspondent pas, on s'en doute, aux images du rêve. Néanmoins, dès son réveil, la rêveuse a ressenti son rêve, sans l'ombre d'un doute, comme annonciateur du décès. Face à ce type de rêves, Claire n'a aucune surprise : pour elle, c'est chose naturelle. Pourquoi le rêve lui aurait-il annoncé une nouvelle à propos d'une personne peu significative pour elle ? Cette question est sans réponse.

En 1999, environ une semaine avant Noël, Lucette Robert, la fille de Claire, fait également un rêve précurseur de mortalité :

> Je me trouvais avec Claude, un ami. J'avais posé ma
> main sur son épaule pour le réconforter et je regardais la
> fosse qui venait d'être recouverte de terre.

Au réveil, troublée par son rêve, elle se dit que Pat,
l'épouse de Claude, atteinte d'un cancer des os, est certainement décédée. De fait, pendant l'avant-midi, cette
journée-là, le téléphone sonne et Claude annonce que sa
femme vient de mourir.

Le décès de l'épouse de Claude était certes prévisible. Pour Lucette, un tel rêve, même s'il concerne l'annonce d'un décès, est positif. Il est venu la prévenir que
les souffrances de son amie allaient bientôt prendre fin.

Le contexte du rêve, les funérailles, est lié à l'événement subséquent. Toutefois, ce rêve est symbolique : la
scène *la main sur l'épaule de l'ami, la narratrice regardant la fosse recouverte de terre* ne s'est pas déroulée
telle quelle lors des événements reliés au décès. Il est
probable que la télépathie intervienne également dans ce
rêve.

Danielle Beaulieu, secrétaire réceptionniste de
cinquante-deux ans, relate ce rêve symbolique à portée
prémonitoire :

> Le 23 décembre 1986, je rêve que ma grand-mère est
> assise sur un grand banc noir étroit. Je la vois de profil.
> C'est très sombre dans la pièce, seul son visage est
> illuminé. Elle m'embrasse et se couche sur le banc en
> fermant les yeux, me laissant comme seule image la
> noirceur de la pièce, comme la fin d'un film. Je me
> réveille.

À son réveil, Danielle était certaine de la portée prémonitoire de ce rêve. Elle l'exprime en ces termes : « Mon

intuition était trop forte ; ça poussait beaucoup à l'intérieur de moi, à la suite de cette vision nocturne.» Elle raconta son rêve à sa mère, à ses deux fils et à d'autres proches également. De fait, le 8 janvier 1987, sa grand-mère mourut subitement d'une crise cardiaque. Aux yeux de Danielle, ces rêves constituent des révélations de grande importance. Ils la préparent à faire face à ce qui vient.

Nathalie Jacob, quarante ans, rapporte ce rêve tout simple, annonciateur d'un événement heureux :

> Je suis sur la plage avec mon beau-frère et nous faisons de grands saluts à ma sœur. Celle-ci est très loin, là-bas sur la mer. Elle nous fait signe de la main, tout exubérante et heureuse. Nous ressentons son bonheur et nous sommes très contents pour elle. Je me réveille.
>
> Quelques semaines plus tard, ma sœur m'annonce qu'elle part pour l'Italie. Un voyage tout à fait inattendu s'est présenté à elle.

Nathalie accorde une grande importance au volet prémonitoire de ses rêves, plus qu'à tout autre aspect. Ses rêves du futur concernent généralement sa famille et ses proches. Au début, certains membres de sa famille à qui elle racontait ses rêves étaient sceptiques ou prenaient peu au sérieux ces prémonitions par rêve, mais elle a persisté et maintenant, ils sont plus réceptifs et davantage intéressés.

Julie, technicienne de laboratoire, relate ce rêve prémonitoire symbolique en relation avec un tournant important dans sa vie :

> Je suis avec mon conjoint dans notre résidence. Quelqu'un sonne à la porte : une dame demande à voir mon

conjoint. Je les laisse seuls dans la cuisine et je retourne dans la chambre à coucher. Soudain, le toit de la maison disparaît et je me retrouve dans une montgolfière qui s'élève dans les airs. J'ai peur et j'appelle à l'aide, suppliant mon conjoint de faire quelque chose. Il me regarde m'élever et fait un signe d'impuissance en soulevant les épaules. Je sais alors que personne ne peut m'aider. Je dois donc poursuivre mon ascension seule. Le calme revient dès que je regarde à l'horizon. Une acceptation sereine s'installe en moi.

Au moment du rêve, Julie comprit que la disharmonie de son couple allait conduire à une séparation. Elle aurait à poursuivre seule son envol. Son conjoint, avec qui elle avait partagé neuf années de vie commune, ne pouvait la suivre dans son cheminement de vie. La rupture se concrétisa quelques mois plus tard. Ce rêve prépara donc Julie à ce dénouement et à comprendre que seule avec elle-même, elle devait affronter ses peurs. Elle prit conscience qu'en acceptant l'inconnu et en regardant droit devant, elle retrouverait sa sérénité.

D'emblée, certains rêves symboliques sont, comme celui de Julie, relativement aisés à saisir. C'est comme si le rêve présentait à la fois un bilan et une perspective future. Pour d'autres rêves à caractère symbolique, il y a moins d'évidence et il faut reconstituer les pièces du casse-tête. Le rêve très particulier d'une collègue, Brigitte Langevin, en est un bon exemple. Ce rêve date du 17 décembre 2000.

Je dois aller chercher ma fille Karelle à l'école, située loin de la maison. À mon arrivée, quelqu'un me reçoit et me donne une chambre. J'y dors. Le lendemain matin, une grosse souris grise avec un visage humain, qui se tient debout sur ses pattes de derrière, vient me porter mon déjeuner. Je constate qu'elle a l'air fatiguée. Peu après, Karelle arrive dans ma chambre et me dit: «Je lui ai parlé, à cette souris. Elle est fatiguée, elle a mal à la colonne vertébrale.»

Brigitte travaille avec ses rêves depuis 1996. Et pourtant, au réveil, elle ne voit *a priori* aucun lien entre ce rêve et son quotidien. Rien, par ailleurs, ne lui permet d'entrevoir que ce rêve plutôt fantaisiste puisse évoquer un événement prochain. Deux jours plus tard, ce rêve prend tout son sens. Voici, dans ses propres mots, le récit de l'événement:

Le 19 décembre, ma fille Karelle se rend à Montréal avec les autres élèves de l'école, pour le spectacle *Casse-Noisette*. Je dois aller la chercher à l'école à 16 h 30. À l'heure convenue, les autobus scolaires ne sont pas arrivés. Le directeur avise les parents que les autobus seront retardés pour encore au moins une heure. Je retourne à ma voiture et décide de faire une courte sieste. Vers 18 h, les autobus scolaires arrivent. Tout à coup, j'entends quelqu'un crier: «Écartez-vous, écartez-vous, elle s'est fait mal à la colonne vertébrale.» En entendant les mots «colonne vertébrale», *ipso facto*, mon rêve me revient en tête. Karelle pleure abondamment. Une personne l'aide à s'asseoir, nous constatons que sa colonne vertébrale est écorchée. Fatiguée de l'activité de la journée, Karelle a glissé et heurté son dos sur les marches de l'autobus. Je l'aide à se remettre debout, Karelle pleure encore. Pour lui changer les idées, je lui demande ce qu'elle a aimé le plus dans son spectacle et elle me répond: «Les petites souris, maman!»

Plusieurs éléments du rêve de Brigitte présentent des recoupements avec la situation vécue deux jours plus tard :

- Le rêve et l'événement ont lieu dans le contexte scolaire ; dans les deux cas, il est question d'aller chercher Karelle à l'école.

- Le thème de la distance est évoqué dans le rêve : «L'école est loin de la maison.» En fait, c'est l'écolière qui était loin de la maison. C'est un rapprochement intéressant.

- Dans le rêve, Brigitte dort à l'école, dans une chambre. Dans la situation vécue, elle fait une sieste dans son auto, mais néanmoins dans l'aire de l'école.

- La présence de Karelle est au cœur du rêve et de l'événement. Dans le rêve, elle communique à sa mère quelque chose en relation avec de la fatigue et de la douleur à la colonne vertébrale : ce sont les éléments importants du rêve. Dans la situation réelle, c'est elle qui est concernée par cette fatigue et la douleur à la colonne vertébrale.

- La souris du rêve a un rapport avec la réponse de Karelle à la question de sa mère, relativement au spectacle *Casse-Noisette*. Même si cet élément est récupéré dans une métaphore inusitée et est d'importance négligeable, il est néanmoins présent.

Naturellement, le contexte fantaisiste du rêve, en particulier l'image de *la souris sur deux pattes servant le déjeuner,* pouvait sans doute distraire et éclipser le message intéressant du rêve concernant Karelle. Il n'en demeure pas moins que ce rêve était porteur d'une information pertinente.

Une autre collègue, rêveuse très prolifique, Micheline Lapensée, nous confie un rêve daté du 20 avril 2004 et dont certains éléments se sont réalisés de manière symbolique. Voici ce rêve, dont le titre est « Le choix » :

> Je suis conseillère dans un salon funéraire. J'assiste une famille que je ne connais pas et je fais des suggestions d'arrangements pour les funérailles qui auront lieu le 4 mai. Je me rends ensuite chez des amis. Debout sur le trottoir, je n'aperçois aucune lumière dans l'appartement. Je me rappelle que je dois assister aux funérailles d'un membre de leur famille qui auront lieu également le 4 mai. Je me demande comment je vais faire. Je ne peux être aux deux endroits en même temps ! Je suis embarrassée, indécise. Je me réveille.
>
> Au réveil, je consulte mon agenda. À la date du 4 mai, je dois assister à une conférence. Au retour du travail, un message sur mon répondeur m'avise de la date de la réunion annuelle des propriétaires des «condos», fixée au 4 mai. Je dois donc faire un choix : assister à la conférence ou participer à la réunion de propriétaires, qui ne peut être reportée à une date ultérieure.
>
> Le même jour, je reçois également deux appels : le premier m'informe du décès de la mère d'une amie ; le second m'annonce le décès du bébé d'une autre amie, mort dans son ventre.

Le rêve de Micheline, dans une perspective prévisionnelle, s'avère intéressant à plusieurs points de vue :

- Le rêve énonce une date, ce qui est peu fréquent dans les rêves prémonitoires et qui permet de cibler les vérifications.

- Le 4 mai 2004, la rêveuse doit effectivement faire un choix entre deux activités. Même si ce choix n'est pas relié à des funérailles, le constat de la rêveuse est clair : « Je ne peux être aux deux endroits en même temps ! » Cela s'est confirmé dans les faits.

- Les deux funérailles évoquées dans le rêve correspondent par ailleurs très étroitement à l'annonce des deux décès, survenue ce 4 mai 2004. Le thème de la mort, présent en double cette journée-là, est un élément très intéressant.

Le rêve de Micheline avait donc une portée prévisionnelle, différents éléments du rêve, sous forme symbolique, étaient liés, non avec les événements comme tels, mais avec les thèmes de cette journée-là : un choix à faire, une double mortalité. Pour Micheline, les rêves sont des guides journaliers ; aucune surprise pour elle dans le fait qu'ils soient également révélateurs du futur.

Nancy Gagnon, trente-sept ans, travaille avec ses rêves depuis quelques mois, lorsque survient ce rêve en juin 2004 :

> Je suis en compagnie de ma fille Cindy venue me rendre visite. On monte les marches et ma fille se renferme entre les deux portes en haut de l'escalier. Je vais voir et, en ouvrant la porte, elle me chante : « Bonne fête, maman ». Je me réveille, heureuse.

Nancy a immédiatement l'impression qu'elle aura des nouvelles de sa fille bientôt. Elle ne comprend pas l'à-propos du rêve, puisque son anniversaire est passé depuis deux mois déjà. Or, le soir même, Cindy téléphone à sa mère et lui souhaite effectivement « Bonne fête, maman ». Nancy éclate en larmes et lui demande : « Pourquoi bonne fête ? Ce n'est pas ma fête. » Cindy lui répond : « Oui, bonne fête, car je n'ai pas pu te téléphoner à la fête des mères. »

La télépathie n'est sans doute pas exclue de ce rêve, mais l'élément prémonitoire réside dans le souhait de bonne fête annoncé. Pour la rêveuse, dans le contexte familial de l'époque, cet appel était très improbable. Ce rêve, qui s'est concrétisé « dans la vraie vie », était pour elle un cadeau. Depuis cet événement, Nancy accueille ses rêves avec encore plus d'émerveillement et d'intérêt.

Les rêves prémonitoires couvrent les petits détails de la vie, mais ne manquent pas de souligner des événements spectaculaires. Paul, agent immobilier, éprouve en juin 2002 d'importantes difficultés financières. Il travaille avec acharnement et voici que, trois mois plus tard, survient le rêve suivant :

> Je suis à la fin d'une réunion de négociation pour une grosse vente immobilière. Nous en sommes à négocier ma commission, celle-ci étant, selon le mandat, de 500 000 $. Je réalise que je fais la plus grosse vente de ma vie !

Au réveil, Paul est enthousiaste et il est convaincu qu'il s'agit d'un rêve prémonitoire. Il s'implique entre-temps dans d'importants dossiers d'immeubles. Le 24 octobre, il aborde un type de dossier qu'il n'avait jamais travaillé auparavant. La transaction de ce dossier, une affaire de plusieurs millions de dollars, se concrétise et, le 24 février 2003, il encaisse un chèque de 492 307 $. Comme Paul le dit lui-même, chiffres à l'appui, son rêve prémonitoire a eu un taux de succès de 98,46 %, ce qui est, on peut en convenir, nettement satisfaisant !

Ce rêve a apporté une information prémonitoire quasi exacte et a révélé avec justesse le contexte du gain : relié au travail et non à la loterie ou à un héritage. Il s'agit d'un rêve prémonitoire symbolique, car la scène précise du rêve ne s'est pas déroulée telle quelle dans la réalité. De même, les personnages du rêve n'étaient pas les personnes concernées par la vraie transaction ; il s'agissait de figures symboliques. Le rêveur a retiré le plus grand bénéfice de ce rêve : celui-ci lui a donné confiance en ses capacités et l'a encouragé à travailler des dossiers immobiliers impliquant de plus gros capitaux.

Christine Morency, artiste peintre de trente-huit ans, a également fait, au début d'octobre 2004, un rêve très marquant :

> Je suis dans une grande salle où sont exposées de nombreuses œuvres artistiques. Quelques-unes en particulier attirent mon attention. Je m'approche et je reste stupéfaite en apercevant trois œuvres portant mon nom, avec une inscription indiquant : GAGNANTE DU CONCOURS.
>
> En novembre 2004, je soumets ma candidature pour une exposition d'œuvres d'art organisée par le centre de diffusion culturelle de ma ville. Voici qu'au début de l'année 2005, je reçois un appel m'annonçant que je suis l'une des gagnantes de ce concours, que trois de mes tableaux ont été sélectionnés. Je suis donc conviée à la soirée du vernissage collectif.

Le rêve de Christine fait bel et bien état d'une exposition, même si différents éléments du rêve ne sont pas conformes à la situation réelle. Il s'agit d'un contexte symbolique. Par ailleurs, l'information prémonitoire est exacte : le titre de gagnante et trois œuvres sélectionnées.

Christine témoigne de son vécu face aux rêves prémonitoires : «Le fait d'avoir expérimenté ce rêve et bien d'autres qui se sont réalisés, ça change tout dans ma vie. Le rêve est devenu mon principal guide. En me servant également des signes de jour[1] pour confirmer les informations du rêve, j'ai les balises dont j'ai besoin dans ma vie.»

INFORMATIONS PRÉMONITOIRES
ISSUES DE MESSAGERS

Certains rêves prémonitoires ont la particularité de transmettre des informations ou des avertissements relatifs au futur par un «messager». Si l'information communiquée s'avère éventuellement exacte, le contexte du rêve est généralement symbolique – du moins dans l'ensemble des témoignages recueillis. Ce messager intervenant dans les rêves peut être une personne vivante ou décédée, connue ou inconnue, ou encore ce que certains rêveurs décrivent comme «un être de lumière».

Dans tous les cas, ces messagers peuvent être des figures symboliques et c'est la première hypothèse à considérer. En tant que figure symbolique, le messager, qu'il soit vivant ou décédé, connu ou inconnu, peut être un aspect de la personnalité du rêveur. L'information prémonitoire peut parvenir au conscient du rêveur à travers cette imagerie.

Les rêves prémonitoires issus de messagers soulèvent la question de la communication télépathique. Le

---

1. Voir au chapitre 6 : «Soyez attentif aux signes de jour», p.152.

rêveur est-il alors en contact avec une source extérieure à lui, une entité, un être d'un tout autre niveau vibratoire? Un rêve télépathique peut être porteur d'une information prémonitoire, et c'est ce qui nous intéresse ici.

Francine Dorval, âgée de quarante-deux ans, est conseillère à la représentation du Curateur public. Elle nous livre un rêve prémonitoire très intéressant impliquant une messagère. À cette époque, Francine avait mis sa maison à vendre dans l'espoir d'aller s'établir à Victoriaville.

> Je suis dans ma maison au Saguenay. Une agente immobilière entre, accompagnée d'un couple d'une soixantaine d'années, pour visiter la maison. La dame, intéressée par la maison, est très gentille. Nous nous assoyons. Elle me dit: «Parle-moi un peu de toi.» Alors, je lui raconte que nous sommes pressés de vendre, mon conjoint ayant une possibilité d'emploi à l'extérieur. Elle me regarde dans les yeux et me dit: «Ne t'en fais pas, vous allez vendre la maison cette semaine, d'ici dimanche.» Je me réveille.

Ce rêve eut lieu le lundi 31 mai 2004. De fait, le dimanche de la même semaine, l'agente immobilière a téléphoné à Francine pour l'aviser qu'elle avait une offre d'achat à lui présenter. Cette offre a effectivement débouché sur la vente de la maison.

Dans ce rêve, l'information transmise par une messagère, «Vous allez vendre la maison cette semaine, d'ici dimanche», s'est avérée prémonitoire. Le contexte du rêve, par ailleurs, était symbolique.

Il arrive également que l'information prémonitoire soit transmise en rêve par une voix seulement, donc sans messager visible. Nous pouvons soulever l'hypothèse que, dans certains cas où seule une voix est entendue, le rêveur soit en contact avec la partie supérieure de son être. Par ailleurs, d'autres cas suggèrent qu'il y a communication télépathique avec une source extérieure au rêveur. S'agit-il de clairaudience[1] en rêve? Tel est le rêve suivant, où une voix annonce à la rêveuse une pénible nouvelle.

Renée-Louise Patout était alors âgée de dix-huit ans. À cette époque, elle vivait en résidence, à Paris, dans une école tenue par des religieuses. Ce rêve est encore vivace dans sa mémoire, un demi-siècle plus tard :

> Durant la nuit, j'ai rêvé que mon père était mourant. Une voix me disait à l'oreille : «Ton père meurt...» Le matin, je descends très lentement les marches d'un grand et large escalier de bois. Je pleure et je m'essuie les yeux avec un mouchoir blanc en dentelle.
>
> Je me suis réveillée. Il était 4 ou 5 h du matin. Je me suis assise dans mon lit et j'ai pleuré. Quelques heures plus tard, j'ai descendu tranquillement les marches du grand escalier de bois, comme dans mon rêve. Une religieuse s'est avancée vers moi pour me parler, mais je l'ai interrompue immédiatement en lui disant : «Je sais, mon père est décédé!» Cette religieuse qui avait reçu l'appel au sujet du décès n'en croyait pas ses oreilles. Elle m'a confirmé la nouvelle. Le matin des funérailles, je reçois d'une inconnue présente à la cérémonie un mouchoir blanc en dentelle. C'était celui de mon rêve.

Renée-Louise était sans nouvelles de son père depuis près d'un an lorsque ce rêve douloureux est survenu. Au dernier contact avec elle, il était en santé. Voici que ce rêve l'informait qu'elle venait de perdre la personne la

---

1. En parapsychologie, perceptions extrasensorielles de nature auditive.

plus importante à ses yeux. Ce rêve inoubliable fut, par ailleurs, une révélation pour elle. Selon ses paroles : « À cette époque, on n'entendait pas parler de ces rêves-là, on ne savait pas que ça existait. Ce rêve m'a permis de me découvrir ; ça m'a incitée à être plus en contact avec moi-même, plus à l'écoute de mes rêves. Pendant plusieurs années, j'ai souhaité ardemment faire à nouveau d'autres rêves semblables. » Malgré le contenu doulou-reux de son rêve, Renée-Louise a perçu une tout autre dimension de son esprit.

En 1994, une auteure bien connue travaillait à la rédaction de son premier livre. En proie au doute, elle était sur le point de laisser tomber. Une nuit, elle fait un rêve très court, mais marquant :

> J'entends en rêve une voix me dire : « Ton livre sera publié ! » Je me réveille.

Ce rêve lui a donné le courage de poursuivre le tra-vail amorcé. Non seulement ce livre fut publié, mais il fut ensuite suivi, au fil des années, de douze autres publi-cations.

Sans cette affirmation entendue en rêve, qui sait si cette auteure aurait persévéré dans son désir d'écrire ?

J'ai moi-même vécu un rêve très troublant en août 1971, à la veille de mon premier mariage :

> Je rêve que je remonte l'allée de l'église au bras de mon père, vers mon futur époux. J'entends une voix très grave me dire : « Tu seras mariée trois ans ! »
>
> Je me réveille, bouleversée. C'est la première fois que je fais un tel rêve. Qu'est-ce que ça signifie ? Je chasse de ma pensée ce rêve dérangeant et cède à la magie de ce jour auréolé de gloire. Trois ans moins quatre jours

plus tard, le mariage prend fin. Mon rêve prénuptial ne m'est même pas revenu à l'esprit à ce moment-là. Ce n'est que plusieurs années plus tard, en revérifiant certaines dates, qu'à ma grande surprise le rêve a ressurgi dans ma mémoire consciente.

Enfin, une information prémonitoire peut être transmise en rêve par une personne décédée ou, encore, ce que l'on nomme communément un être de lumière. L'intensité, le réalisme, le contexte du rêve, amènent le rêveur à considérer qu'il a vécu en rêve une communication véritable d'âme à âme. Il s'agirait ici d'une forme particulière de rêve télépathique. La force de conviction qui prévaut pendant une telle expérience supplante toute argumentation théorique.

Au-delà de l'information qui se confirme dans les faits, ces rêves soulèvent en eux-mêmes des questions essentielles. La réalité des communications en rêve avec des êtres décédés ou invisibles est d'une importance majeure sur le plan de notre compréhension de la vie, de la mort, de la conscience et, en fait, de tout ce qui touche le monde de l'invisible. Dans l'état actuel des connaissances scientifiques, en dépit d'une somme colossale de témoignages, on ne retrouve que perplexité et hypothèses contradictoires. Nous avons certainement tout intérêt à faire preuve d'ouverture d'esprit, afin de ne pas nuire à l'expérimentation de telles manifestations, si courantes dans les rêves.

Christine Morency, artiste peintre de trente-huit ans, partage avec nous un autre rêve plutôt extraordinaire qu'elle a intitulé « La grande rencontre ». Il date de décembre 1998. Au moment du rêve, sa mère était décédée depuis quatre ans et demi.

Je suis dans un endroit un peu brumeux. Je vois tout à coup ma mère qui vient vers moi. À mesure qu'elle s'approche, je reconnais son odeur particulière. Tout s'éclaircit et s'illumine autour de nous. Je suis très émue. Elle me prend dans ses bras et me demande ce qui ne va pas. Je lui raconte que je suis malheureuse et que plus rien ne va.

Elle m'amène alors dans un endroit où elle me dit que je peux choisir et refaire des choses autrement. Je lui explique que je souhaiterais que mon conjoint accepte notre séparation et que la maison se vende rapidement. Nous parlons un bon moment. Je lui remets une liste où sont inscrits mes choix et décisions de vie.

Ma mère exécute alors une drôle de danse. Elle rit aux éclats, me disant qu'elle «place» mes affaires selon mes demandes. Je suis sidérée. C'est très réel, j'ai la vive impression d'être avec elle dans ce lieu inouï! À la fin, elle demande un bref temps de repos et me signifie qu'elle doit partir. Tout devient flou, mon rêve prend fin.

Dès mon réveil et les jours suivants, j'ai la nette impression que désormais mes choses vont se régler. Un soir, quelques semaines après ce rêve, mon conjoint me dit tout à coup qu'après réflexion, il accepte notre séparation et également la vente de notre maison. Je suis étonnée, car cela faisait déjà plusieurs mois que la moindre allusion à la séparation engendrait chaque fois des chicanes interminables. La maison est vite mise en vente. Trois jours plus tard, un acheteur se présente, fait le tour très rapidement, fait une offre d'achat et demande si nous pouvons quitter la maison pour la semaine suivante.

Je ne sais pas tout ce que j'ai demandé à ma mère lors de ce rêve. Mais je peux affirmer que ma vie va à merveille depuis. Non seulement la maison a été vendue et la séparation d'avec mon ex-conjoint s'est déroulée sans heurt, mais j'ai rencontré celui qui partage ma vie depuis six ans maintenant, j'œuvre dans un domaine qui me va à merveille et nous vivons en bordure du fleuve dans un lieu enchanteur.

Un tel rêve illumine toute une vie. La rêveuse devrait-elle accorder moins d'intérêt à son rêve du fait que ce type de rêve n'est pas scientifiquement validé ?

Francine Dorval, dont nous avons lu un rêve précédemment, partage avec nous celui-ci, fait le 20 janvier 2004, où cette fois sa grand-mère agit comme messagère. Voici sa narration :

> Je rencontre ma grand-mère Blanche, décédée il y a cinq ans, à l'âge de quatre-vingt-dix ans. Elle est très belle, elle a un visage clair et illuminé, sans rides. Elle semble bien et heureuse. Elle est étendue sur un sofa. Lorsque je m'approche d'elle, elle s'assoit. Je la prends dans mes bras. Je suis tellement heureuse de la voir. Elle me dit : « J'ai un message pour toi, j'ai un décès à t'annoncer. » Je ne lui laisse pas le temps de me dire le nom. Je réponds vivement : « Oh non, ça se peut pas ! » Je prends conscience de ma réaction et je me réveille, bouleversée.

Ici, la rêveuse est intervenue pour bloquer l'information. Le nom de la personne qui allait mourir n'a pas été révélé. Or, il y a effectivement eu décès, six mois plus tard. Francine poursuit son récit :

> ... Et voilà que ma tante Irène, la fille de ma grand-mère Blanche, décède subitement le 27 juillet 2004. Elle avait été hospitalisée pour une intervention mineure qui s'était très bien déroulée. Après l'opération, son médecin lui avait recommandé de boire beaucoup d'eau. Elle avait répondu : « Laissez-moi, je ne vais pas boire de l'eau. Je veux mourir ! » Trois heures plus tard, elle était décédée.

Ici, nous présumons que l'information du rêve devait concerner ce décès, mais il n'y a aucune certitude. L'intérêt de ce rêve est surtout de démontrer qu'une censure s'est opérée à même le rêve. Au réveil, Francine était déçue de ne pas connaître l'information. Le blocage avait donc été inconscient. Il est important de savoir qu'il est possible de bloquer consciemment ce type d'informations oniriques si l'on a des réticences ou des appréhensions trop importantes face à ces messages. Nous y reviendrons d'ailleurs, plus loin, au cours de cet ouvrage.

LES RÊVES ANNONCIATEURS D'ÉVÉNEMENTS INTÉRIEURS

Que ce soit sous forme exacte ou symbolique, les rêves prémonitoires nous préviennent d'événements extérieurs, bien concrets, susceptibles de se produire dans nos vies. Mais les événements extérieurs ne sont pas les seuls à constituer la trame de notre vie. Les événements intérieurs sont également annoncés à l'avance. Nous soulignons l'existence de ces rêves annonciateurs en un bref coup d'œil, pour ouvrir une perspective au lecteur, car ces derniers passent souvent inaperçus. Leur interprétation est subtile, car plusieurs rêves de croissance personnelle se confondent avec ces rêves précurseurs d'événements intérieurs.

Ainsi, un rêve peut se réaliser sur des plans différents et sous des formes diversifiées. De nombreux rêves prémonitoires vont concerner notre vie affective, mentale ou encore spirituelle. Pour déceler les rêves annonciateurs d'événements intérieurs, une autre forme de regard doit être portée sur les rêves, un regard intérieur.

Jacqueline, âgée de soixante-dix ans, a fait ce rêve il y a vingt et un ans. Elle ne l'a jamais oublié. Sur son terrain en Mauricie, il y avait un érable qu'elle chérissait particulièrement; voici qu'il se retrouve dans son rêve :

> Une nuit de janvier 1983, je rêve qu'une branche de mon arbre est toute brisée. La branche tient toujours après l'arbre, mais elle est écorchée, abîmée. Au matin, je me réveille en proie à une angoisse très profonde. Cette angoisse, si difficile à vivre, se poursuit pendant des semaines et semble interminable.

Et voici qu'en avril, Jacqueline rêve à nouveau de son arbre :

> Je vois mon arbre resplendissant de santé, la branche abîmée bien ressoudée au tronc. L'écorce de l'arbre est lisse, comme toute neuve. Je me réveille. Je sais que je vais guérir de mon angoisse.

Effectivement, dans les jours qui ont suivi, l'angoisse de Jacqueline a commencé à se résorber et, finalement, elle a complètement disparu.

À la suite de ce rêve, Jacqueline s'est sentie encouragée et confiante qu'elle allait s'en sortir. Ce rêve magnifique était annonciateur d'un événement intérieur : il venait signifier à la rêveuse la fin d'une période douloureuse et sa guérison prochaine.

Pour ma part, en 2003, j'ai fait le rêve suivant, que j'ai intitulé « Je gagne au loto » :

> Je suis au téléphone avec mon amie Ginette. Pleine d'exubérance et de joie, je lui annonce que je viens de gagner 50 000 $ à la loterie.

Au réveil, mon souffle est court et je suis dans un état d'exaltation. J'achète très rarement des billets de loterie, mais à la suite de ce rêve, durant quelques semaines, je me suis empressée de me procurer quelques billets. N'ayant rien gagné, je perçus ce rêve comme compensatoire et je considérai l'affaire comme classée.

Toutefois, plusieurs semaines plus tard, lors de la relecture de mes rêves, quelque chose me frappa de plein fouet : je pris conscience que peu après ce rêve, une période particulièrement florissante était survenue dans ma vie : des opportunités inattendues s'étaient présentées dans mon travail, mon cercle social s'était élargi de nouveaux contacts et d'amitiés fécondes. De façon générale, j'éprouvais plus de joie intérieure, de satisfaction. Cette prise de conscience m'a remplie de gratitude.

Le rêve de gain à la loterie ne concernait donc pas un gain financier éventuel. Il était annonciateur d'événements surtout intérieurs : un sentiment de plus grande satisfaction et de plénitude, une ouverture globale, un enrichissement de différents aspects de ma vie. Ce rêve m'annonçait qu'une certaine forme d'abondance allait apparaître dans ma vie.

L'INTERPRÉTATION, UN ART À DÉVELOPPER

Les rêves prémonitoires symboliques nous mettent en présence d'une problématique particulière du fait que le message du rêve est non explicite. Certains rêves symboliques ont parfois une « aura » permettant de pressentir leur portée prémonitoire. Lorsqu'un événement précis se concrétise, les liens se manifestent d'emblée entre le rêve et l'événement réel, même si ce rêve est symbolique.

Toutefois, en général, le rêve prémonitoire symbolique exige un déchiffrage plus ou moins important des symboles du rêve pour que le message ou l'avertissement en soit compris ; il n'y a pas d'évidence au point de départ. Après avoir été analysés, les différents symboles acquièrent une certaine transparence, et les liens avec tel ou tel événement concret peuvent ensuite être établis. Il s'agit certes d'un obstacle au premier niveau, mais celui-ci peut être surmonté avec un peu de travail et de persévérance. C'est pourquoi, dans de nombreux cas, le caractère prémonitoire du rêve n'est reconnu qu'après coup, c'est-à-dire après la survenue d'un événement précis.

Les rêves prémonitoires symboliques présentent parfois une divergence plus ou moins importante de la symbolique du rêve par rapport à l'événement réel. C'est le cas pour ce rêve troublant de France, âgée de soixante et onze ans, survenu au début d'avril 1983 :

> Je vois en rêve la pointe d'un bateau avec un mât et une poulie. À cette poulie, il y a un câble au bout duquel un homme est attaché. À l'autre extrémité, quelqu'un fait descendre le câble jusqu'à ce que l'homme suspendu touche à l'eau, puis il le remonte. Je lui crie : « Mais arrêtez ! » Il ne m'entend pas. Il continue de monter et de descendre deux autres fois l'homme attaché, puis il le laisse tomber à l'eau. L'homme se noie. Je me réveille bouleversée et en colère.
>
> Le 16 avril, environ une dizaine de jours plus tard, j'apprends que mon frère s'est suicidé à son domicile. Il était dépressif, mais ce suicide était pour nous totalement imprévisible. Il avait fait un gros nœud à un câble et l'avait passé par-dessus la porte. Le nœud retenait le câble par l'autre côté de la porte. J'ai alors pensé

à mon rêve et je me suis dit que cela correspondait au décès de mon frère.

Au réveil, France n'a pas pressenti ce rêve comme prédictif, mais s'est néanmoins sentie très mal intérieurement. Dans le passé, elle a fait un certain nombre de rêves prémonitoires relativement à des décès. Cette fois, le rêve était moins clair. C'est seulement en apprenant la nouvelle du décès qu'elle a établi le lien avec son rêve relatant la mort d'un homme. La scène du rêve où quelqu'un fait monter et descendre l'homme suspendu à un câble à quelques reprises avant de le laisser tomber à l'eau, est celle qui a le plus interpellé la rêveuse. Selon ses propres dires, ce sont comme des « essais » en quelque sorte, comme son frère a dû faire, pour s'assurer de la solidité de l'installation, avant de poser son geste fatal.

Il y a un rapprochement entre le câble au bout duquel un homme est attaché dans le rêve et celui qui a servi au suicide. La métaphore de l'homme au bout du câble pourrait évoquer un homme au bout du rouleau, un homme « accablé ». La métaphore du bateau peut être associée à un départ et même « au grand voyage ».

En définitive, la relation entre ce rêve symbolique et la réalité n'était pas évidente au départ et ne pouvait, sans doute, être établie qu'après coup. En effet, le contexte du rêve présente plusieurs différences par rapport à l'événement réel. Dans le rêve, la mort est infligée par une autre personne. La rêveuse a-t-elle confusément l'impression qu'on a laissé tomber son frère pendant la période dépressive qu'il traversait ?

Un fait demeure : il y a une part de subjectivité dans l'appréciation du caractère prémonitoire des rêves symboliques. Certains rêveurs racontent avec conviction des rêves symboliques qu'ils ont immédiatement perçus comme prémonitoires et qui se sont effectivement réalisés par la suite. Toutefois, pour un observateur extérieur, le lien que le rêveur établit entre son rêve et l'événement subséquent est difficile à comprendre.

Ici, l'intuition du rêveur joue sans doute un rôle majeur dans la compréhension de la portée prévisionnelle du rêve. Lui seul connaît les sentiments éprouvés au moment du rêve et les impressions vécues au réveil. Le rêveur demeure le mieux habilité à saisir la signification et la portée de ses rêves.

L'important n'est pas de faire l'unanimité sur le caractère prédictif d'un rêve. Ce qui compte, c'est le bénéfice concret que le rêveur retire de son rêve. Ce rêve a-t-il contribué à le préparer à vivre un événement particulier ? A-t-il permis d'accomplir une action préventive particulière ? Si la réponse est affirmative, que pouvons-nous souhaiter de plus ?

L'interprétation de tout rêve est un art qui se peaufine avec la pratique. Celle des rêves potentiellement prémonitoires présente certains pièges qu'il est avantageux de connaître.

Combler ce qui manque

Au réveil, lorsque nous tentons de reconstituer la scène d'un rêve, il manque fréquemment des détails. Nous avons alors tous tendance à aménager notre récit en fonction de ce que nous avons retenu et à combler certaines lacunes, afin que notre récit soit logique, cohérent. Ce faisant, nous avons tendance à introduire dans notre rêve des éléments, certes minimes, mais qui n'y étaient pas au départ.

L'information filtrée

Toute information psychique relative au futur (et c'est la même chose pour l'information d'ordre télépathique) doit nécessairement passer par le subconscient avant d'atteindre le conscient. Elle est alors filtrée, en quelque sorte, et est donc susceptible de subir des distorsions, notamment par les peurs ou les insécurités vécues par le rêveur. Inévitablement, l'information initiale subira quelques déformations, aussi minimes soient-elles.

Les substitutions par une équivalence émotionnelle

Dans un rêve prémonitoire, il arrive que certaines scènes ou images soient remplacées par d'autres ayant une équivalence émotionnelle. Voici un exemple : un individu rêve qu'il doit rebrousser chemin car des travaux routiers lui barrent la route. Or, le lendemain, la route qu'il devait emprunter est fermée en raison d'une tempête de neige, ce qui l'oblige effectivement à rebrousser chemin. Ce rêve peut être considéré comme prémonitoire avec substitution d'image (tempête de neige) par une équivalence émotionnelle (travaux routiers). Dans les deux cas, il s'agissait d'obstacles barrant la route. L'événement annoncé par le rêve s'est par ailleurs réalisé : la route était fermée, il fallait rebrousser chemin.

La substitution d'images semble s'opérer lorsque les émotions du rêve se traduisent en symboles. Une certaine circonspection est donc de mise dans l'interprétation des symboles du rêve. Lorsqu'un rêve paraît concerner le futur, il est préférable de le considérer dans sa globalité plutôt que de se focaliser sur les détails.

Chantal Raymond, psychothérapeute de trente-neuf ans, a vécu le rêve suivant en avril 1990. Il s'agit d'un très bon exemple de substitution d'images :

> J'emprunte une route qui traverse une forêt en montagne. Soudain, un gros orignal traverse la route et percute ma voiture. La carrosserie est tout amochée. Je sors du véhicule pour constater les dégâts. Heureusement, je suis saine et sauve.
>
> Deux jours plus tard, je me réveille avec un mauvais pressentiment, ce qui est inhabituel pour moi. Le soir venu, je pars donner une conférence. Voulant prendre le chemin le plus court, j'opte pour une direction donnée. À l'intersection de l'autoroute, une petite voix me dit de ne pas prendre ce chemin. Trop pressée, je n'en tiens pas compte et poursuis dans la même direction. Dans une courbe, le mauvais pressentiment du matin m'envahit de nouveau. Soudain, une collision frontale se produit avec une autre voiture. Le véhicule est une perte totale. Fracture du pied et du nez, blessure au genou, je suis transportée à l'hôpital. Plus tard dans la soirée, je me souviens de mon rêve et du fait que je survivrais. D'une certaine façon, je crois que mon rêve m'a préparée intérieurement à un tel accident.

Ce rêve peut tout autant être considéré comme prémonitoire symbolique ou encore sous l'angle d'un rêve prémonitoire typique, avec substitution d'image par une équivalence émotionnelle. Il a livré un avertissement, toutefois, dans le rêve, l'événement a été minimisé. En effet, Chantal a eu la vie sauve, mais elle a néanmoins subi des fractures et de multiples contusions.

Événement exagéré ou minimisé

Un événement relatif au futur peut être présenté avec exagération ou, encore, il peut être minimisé, comme c'est le cas du rêve de Chantal que nous venons de relater. Il est clair que le facteur émotionnel intervient dans le type de transformation du récit onirique, comme cela se produit d'ailleurs pour tous nos rêves.

Une réalité trop difficile à affronter est susceptible d'être maquillée en rêve. Le censeur, cette instance intérieure assurant l'équilibre émotionnel du rêveur, peut agir en dédramatisant un événement pour le rendre plus acceptable pour le rêveur.

D'autre part, les peurs peuvent amplifier certains scénarios. Un événement éventuel sera alors présenté en rêve dans une forme beaucoup plus dramatique que ce qui se concrétisera dans la réalité.

Maintenant que nous avons parcouru les différents profils des rêves prémonitoires et leur problématique, voici, pour récapituler, un tableau synthèse :

Tableau 3
CLASSIFICATION DES RÊVES PRÉMONITOIRES

1. Les rêves prémonitoires typiques
L'événement se réalise, tel qu'il a été vu en rêve
- les rêves prémonitoires d'événements collectifs
- les rêves prémonitoires partagés
- les rêves prémonitoires par substitution

2. Les rêves prémonitoires symboliques
Information prémonitoire véhiculée par un scénario symbolique qu'il faut décoder
- les rêves prémonitoires issus de messagers

CHAPITRE 4

Symboles et prédiction du futur

Les rêves prémonitoires symboliques nous amènent au cœur d'une question essentielle : certains symboles oniriques ont-ils une valeur prédictive fixe à laquelle on puisse se fier ?

De tout temps, des hommes ont pressenti l'importance de leurs rêves, et devant le constat que certains d'entre eux se réalisaient est venu tout naturellement le désir de consigner ces « indices » révélateurs du futur. Avant de déterminer si certains symboles peuvent être en eux-mêmes annonciateurs du futur, tentons de comprendre sommairement les types de symboles qui se retrouvent dans nos rêves.

SYMBOLES UNIVERSELS
ET SYMBOLES PERSONNELS

Dans l'ensemble, nos rêves sont porteurs de deux grands types de symboles : les symboles universels et les symboles personnels.

Les symboles universels sont ceux dont les significations sont globalement les mêmes pour toute personne,
indépendamment du pays, de l'époque, de l'éducation, de
l'âge ou du sexe. Mentionnons notamment : l'eau, le feu,
l'animal, la maison, le véhicule, la mort, etc.[1] Ces symboles, issus de l'inconscient collectif, réfèrent à des
archétypes, tels qu'ils sont définis par Jung. Il existe un
certain nombre de symboles universels, mais ce nombre
est relativement restreint. Pour travailler avec nos rêves, il
est utile de les connaître. Mentionnons ici que, même en
présence de symboles universels, il y a lieu de se questionner pour découvrir la petite nuance personnelle que
ces symboles peuvent évoquer pour nous, compte tenu de
notre bagage d'expériences.

Si nos rêves recèlent un certain nombre de symboles
universels, ils sont par ailleurs surtout composés de symboles personnels, c'est-à-dire de symboles qui ont une
signification hautement personnelle, façonnée par tout ce
que nous avons vécu et appris au cours de notre vie.

D'un autre côté, différents symboles, sans être universels, se retrouvent assez fréquemment dans les rêves de
nombreuses personnes. Il est certain que, à un symbole
donné, nous ne sommes pas l'unique personne au monde à
attribuer un sens très précis. La plupart des dictionnaires de
rêves s'appuient sur cette prémisse pour suggérer différentes
significations par rapport à des symboles présents couramment dans les rêves. Mais, l'inconscient étant un réser-
voir infini, aucun dictionnaire de rêves ne peut être exhaustif.

À titre d'exemple, prenons le symbole « fleur ». Pour
une rêveuse, Maryse, ce symbole évoque la beauté,

---

1. Voir Nicole GRATTON, *Rêves et Symboles*, Loretteville, Éditions
le Dauphin Blanc, 2003.

comme pour beaucoup de personnes, mais si elle fouille un peu plus loin dans son vécu, elle constate que le mot fleur est associé surtout à «éphémère» et à «fragile». Pour une fleuriste, ce symbole serait possiblement associé à «travail, gagne-pain». Pour l'artiste qui reçoit fréquemment des fleurs, ce mot pourrait être synonyme de «succès» ou encore d'«hommage». Pour chacun d'entre nous, la présence de ce symbole en rêve aura une signification tout à fait différente. C'est cette signification intime, personnelle, qu'il faut découvrir, pour mettre à jour le message d'un rêve, que celui-ci soit prémonitoire ou non.

Ainsi, le même symbole peut avoir un éventail étonnamment vaste de significations. Nous avons tout intérêt, au point de vue des symboles personnels, à rechercher leur signification là où ils sont nés, c'est-à-dire en nous-même et dans notre vécu.

Or, il arrive fréquemment que certains symboles personnels se trouvent investis d'une valeur prédictive. Voyons comment différentes images ou symboles en viennent à acquérir une signification précise en tant que prédictions, présages ou augures pour le futur – ces termes pouvant être considérés comme synonymes.

QUAND LE SYMBOLE PERSONNEL DEVIENT PRÉDICTIF

Un symbole onirique peut acquérir une valeur de présage pour un rêveur, lorsqu'il se trouve directement associé à un événement marquant de sa vie éveillée, dans un intervalle de temps rapproché. Par exemple, un individu rêve qu'un vase précieux se brise. Le lendemain survient un décès dans la famille. Cette «coïncidence»,

Jung parlerait de synchronicité, crée une forte impression dans son subconscient. Celui-ci est susceptible d'établir un lien direct entre ce symbole (vase brisé) et l'événement qui a suivi (décès). Plus la charge émotionnelle de l'événement est forte, plus la connexion « symbole – événement » sera forte également. Le symbole en question se verra donc investi d'une signification précise. Cette association « symbole – événement » s'imprime dans la psyché du rêveur le plus souvent à son insu.

Par la suite, si ce symbole (vase brisé) ressurgit à nouveau dans un rêve, le rêveur en déduira qu'il s'agit possiblement d'un avertissement de décès. Si un autre décès survient, alors, le symbole du vase brisé va acquérir une valeur prédictive encore plus forte. Ce rêveur sera vite convaincu qu'à l'avenir chaque fois que ce symbole surgira dans ses rêves, celui-ci sera l'avertissement « infaillible » d'un décès imminent. Dans de très nombreux cas, les événements viennent effectivement confirmer la valeur prédictive de ce symbole personnel dans la vie du rêveur. Voilà qui est fascinant !

Un symbole particulier, qui a acquis une valeur prédictive précise pour un rêveur, peut jouir d'une influence élargie. En effet, lorsqu'un rêveur raconte ses rêves à son entourage, où un « symbole X vu en rêve est suivi d'un événement Y dans la vie éveillée », cet entourage est alors susceptible d'adopter également cette croyance. Naissent ainsi des croyances familiales au sujet de la signification de certains symboles de rêve. Ces croyances peuvent s'étendre à certaines régions géographiques précises, se transmettre d'une génération à l'autre et détenir ainsi une influence étendue à tout un groupe social ou culturel.

Ainsi, Lucie, une rêveuse, mentionne que sa mère fut la première personne de la famille à rêver de fumée épaisse et suffocante, liée à un décès. La première fois, son mari est tombé malade et est mort peu après ce rêve. À la suite de cet événement dramatique, dans l'inconscient familial s'est intégrée cette croyance : rêver à de la fumée épaisse et suffocante est signe de malheur. Au fil des années, dans cette famille, d'autres rêves de fumée sont survenus et auraient toujours été suivis d'un événement néfaste, maladie grave ou décès, dans un délai rapproché.

Ainsi, pour de nombreux rêveurs, des symboles oniriques en viennent à avoir une valeur d'avertissement par un concours de circonstances particulières. Or, nous pouvons délibérément choisir nos propres symboles prédictifs et programmer notre subconscient de telle sorte qu'il se serve de ce code particulier pour nous informer d'événements futurs[1].

Différents symboles personnels vont revêtir un caractère prémonitoire pour certaines personnes, alors que pour d'autres, les mêmes symboles vont signifier quelque chose de tout à fait différent, sans portée prédictive. Cela revient à répondre à la question : des symboles ont-ils *une signification prédictive fixe et qui s'avère exacte pour tout le monde* ? À cette étape-ci de notre expérience dans le domaine des rêves, nous sommes d'avis que les symboles pris isolément n'ont pas une valeur prédictive intrinsèque. Chaque symbole a une signification personnelle ; ensuite, il doit être évalué dans le contexte du rêve où il apparaît, ce qui peut fortement en teinter la signification. Là encore, ce contexte doit être apprécié en fonction des sentiments et perceptions du rêveur.

---

1. Voir au chapitre 10 : « Comment choisir et programmer ses symboles prédictifs ».

Par ailleurs, pour chacun d'entre nous, la question qui suit serait très pertinente : ai-je dans mes rêves des symboles que je perçois à coup sûr comme des présages de quelque chose de précis ? Peut-être avons-nous déjà nos propres symboles prédictifs personnels, dont nous avons une conscience plus ou moins précise.

Nous allons maintenant examiner différents témoignages de rêveurs qui en sont venus à percevoir certains de leurs symboles oniriques comme des signes prédictifs d'événements particuliers. Nous constaterons que certaines associations « symbole – événement » ont un caractère hautement personnel et inusité. Cela nous démontre toute la richesse et la créativité de l'inconscient.

Pour Claire Beausoleil, *de la terre fraîchement retournée* est présage de mortalité. Elle a expérimenté la chose à quelques reprises dans sa vie. En 1969 survient le rêve suivant :

> Je rêve que mon mari et moi habitons un immeuble à logements au bout duquel se trouve une rue nouvellement construite, le sol étant fraîchement retourné. Un de nos voisins, que je ne vois que très rarement, passe dans cette rue pour disparaître un peu plus loin.
>
> Le lendemain matin, nous avons été réveillés par la sonnerie de la porte. C'était la femme du voisin en question. Elle venait nous apprendre que son mari était mort dans la nuit. Si j'avais eu le temps d'interpréter ce rêve, j'aurais su ce qui était arrivé, car pour moi, de la terre fraîchement retournée est signe de mortalité.

Jacqueline, âgée de soixante-dix ans, nous communique certains symboles personnels ayant acquis une valeur prédictive dans sa famille depuis quatre générations :

Quand je vois en rêve un gros oiseau de couleur sur un ciel bleu, cela annonce une visite rare. Cela s'est passé au moins à deux reprises, à ma souvenance : une fois, j'ai reçu la visite totalement imprévisible d'une belle-sœur des États-Unis ; la deuxième fois, une parente du Bas-du-Fleuve a devancé sa visite d'un an. Aux deux occasions, un peu avant ces visites, un gros oiseau de couleur m'était apparu en rêve.

Lucie, âgée de soixante-trois ans, nous fait partager également d'autres expériences :

Rêver à des bleuets est toujours, dans notre famille, un signe qu'il y aura des comptes inattendus à payer. Je me souviens clairement des deux dernières fois que c'est arrivé : une fois, mon mari et moi avons reçu une réclamation d'impôts inattendue de 300 $; une autre fois, on a dû débourser environ 400 $ pour des médicaments. Quand il y a une petite quantité de bleuets, c'est une petite dépense imprévue, une grosse quantité de bleuets, c'est une grosse dépense.

Rolande, mère de famille de cinquante-huit ans, a également son code personnel, ses signes prédictifs en rêve.

Rêver que ses cheveux sont emmêlés et qu'elle a de la difficulté à passer le peigne dedans signifie un problème éventuel à résoudre, un casse-tête en quelque sorte à démêler. Les événements subséquents confirment la prédiction du rêve.

Jocelyne, manœuvre de quarante-huit ans, aborde une métaphore qui se présente occasionnellement dans ses rêves, celle de *mâcher de la gomme*. Ce type de rêve assez répandu peut être l'indice de quelque chose que le rêveur garde en lui et qui aurait besoin d'être exprimé. Pour Jocelyne, cette signification se double d'un sens prédictif :

> J'ai dans la bouche une grande quantité de gomme. Je la remâche sans arrêt et ne parviens à la déloger qu'avec les doigts. Chaque fois que survient ce rêve, peu après, je vis une situation où je dois faire très attention à mes paroles pour ne pas blesser. La dernière fois, dans les heures qui ont suivi ce rêve, ma belle-mère m'a fait toutes sortes de reproches déraisonnables. Compte tenu de sa très grande fragilité, j'ai dû faire très attention pour ne pas répliquer trop durement et la blesser inutilement.

Il est possible de constater par ces exemples que les significations prédictives attachées à certains symboles de rêve sont hautement personnelles. Ces significations sont valables dans le contexte qui les a vues naître et il serait très artificiel de vouloir les généraliser à tout le monde. Chacun a sa propre vérité et, au bout du compte, nous sommes à nouveau renvoyés à nous-mêmes.

Le fait d'attribuer une valeur prédictive à des symboles n'est pas une tendance récente, comme nous l'avons mentionné plus haut. Voici deux rêves qui ont traversé l'Histoire. Nous verrons qu'ils véhiculent des symboles personnels dont la connotation est bien différente de nos jours. À titre d'exemple, la nuit précédant son assassinat par François Ravaillac, Henri IV rêva d'un arc-en-ciel au-dessus de sa tête[1]. Ce rêve fut immédiatement perçu par ses devins comme un présage de mort violente.

À notre époque, cette métaphore d'un arc-en-ciel au-dessus de la tête serait certainement perçue bien différem-

---

1. Tiré de Robert L. VAN DE CASTLE, *Our Dreaming Mind*, New York, Ballantine Books, 1994, p. 28.

ment qu'elle ne l'était au XVIIe siècle. Elle n'aurait sans doute pas ce côté alarmant qu'on lui attribuait alors. Nous serions sans doute enclins à y voir un symbole d'espoir ou encore de chance, ou toute autre signification ou association à connotation positive. Le rêve d'Henri IV n'a donc de sens prémonitoire que dans le contexte historique de l'époque, avec les significations symboliques véhiculées à ce moment-là.

Un deuxième exemple concerne Marie de Médicis, épouse d'Henri IV. Juste avant l'assassinat de son époux, en 1610, elle rêva que les pierres précieuses de sa couronne se transformaient en perles. Ce rêve fut interprété de façon unanime, par les devins de la cour, comme un présage de deuil.

Bien que nous soyons en présence d'un rêve symbolique, il s'agit ici d'un autre exemple très intéressant de l'importance du contexte culturel et historique dans la compréhension des symboles d'un rêve. Les perles de la couronne n'auraient certainement pas, de nos jours, la connotation dramatique qu'elles ont eue à cette époque.

LES DICTIONNAIRES DE RÊVES À VISION PRÉDICTIVE

Au fil des siècles, de nombreux recueils ont été élaborés, donnant pour différents symboles oniriques des valeurs prédictives précises. En ce moment, nous retrouvons sur le marché nombre d'ouvrages traitant des symboles et de leurs significations, présentés généralement sous forme de lexiques. De très nombreux symboles y sont assortis de significations prédictives, donc axés sur la prédiction d'événements futurs.

Pour une large part, ces dictionnaires de rêves vont énoncer, pour différents symboles, des prédictions qui furent vraies dans un contexte restreint à certains rêveurs, dans un milieu culturel particulier ou encore à une époque donnée. Or, si ces significations étaient très à propos dans leur contexte d'origine, elles peuvent difficilement être généralisées ou appliquées dans un contexte social et historique différent. C'est pourquoi certaines significations données dans ces dictionnaires nous apparaissent si déroutantes et ont si peu de résonance en nous.

Si, pour la plupart d'entre nous, les dictionnaires ont accompagné nos premiers pas dans l'investigation de nos rêves, il serait triste d'en rester là, notamment pour tenter de lever le voile de notre futur. Cette démarche serait bien naïve et superficielle, très peu en connexion avec notre vécu personnel.

EST-CE UN RÊVE PRÉMONITOIRE ?

Certains rêves, par leur réalisme et la forte impression qu'ils nous laissent, nous amènent au réveil à nous poser cette question : « Est-ce un rêve prémonitoire ? » Or, il n'y a aucun moyen de savoir à l'avance, avec certitude, si un rêve est réellement annonciateur d'événements éventuels ou pas. Certains rêveurs ont plus d'habileté que les autres à ressentir si leurs rêves ont ou non une portée prévisionnelle, mais encore là, il n'y a pas de certitude absolue. Comme nous l'avons déjà mentionné, seuls les faits viennent confirmer la nature prémonitoire du rêve.

De nombreux rêves prémonitoires ne sont pas repérables au départ, en particulier ceux issus de la logique inconsciente. En effet, ces derniers n'ont pas le relief des rêves provenant de perceptions extrasensorielles et peuvent présenter peu d'éléments qui les démarquent des rêves habituels. C'est seulement après la survenue d'un événement particulier que le rêveur peut faire le rapprochement avec son rêve.

Par ailleurs, un rêve dramatique n'est pas nécessairement le présage que quelque chose de mauvais se présentera dans notre vie, à court ou à moyen terme. Malheureusement, beaucoup de gens regardent leurs rêves strictement du point de vue prédictif. N'oublions pas qu'au départ le rêve agit comme *journaliste*: il donne les nouvelles du jour. Il révèle d'abord notre pouls bien actuel sur les plans physique, émotionnel, mental et spirituel. Le rêve porteur d'images angoissantes vient généralement montrer du doigt quelque chose, ici et maintenant, dans notre vie intérieure ou extérieure, ayant besoin d'être compris et réajusté. Il est consolant de savoir que, derrière les rêves les plus éprouvants, il y a cette merveilleuse opportunité de grandir et d'être plus conscient.

Or, certains rêves ont toute l'apparence de rêves prémonitoires et pourtant ils ne se réalisent jamais. Voilà qui est déroutant! Ce sont ceux-là qui mériteraient l'appellation de faux rêves prémonitoires! Certains d'entre eux peuvent néanmoins être repérés.

LES RÊVES QUI SEMBLENT PRÉMONITOIRES... ET QUI NE LE SONT PAS

À première vue, certains rêves s'apparentent en tout point à des rêves prévisionnels par leur intensité et leur réalisme, mais finalement ils ne se réalisent jamais. En dépit des apparences, ils n'étaient pas prémonitoires. En fait, nombre de ces rêves doivent tout simplement être compris sur le plan symbolique.

Deux facteurs principaux sont susceptibles de générer des rêves que l'on peut prendre à tort pour des rêves prévisionnels : les désirs intenses et les peurs.

Les rêves issus d'un désir intense

Certains rêves semblent réunir toutes les caractéristiques des rêves prémonitoires, notamment par leur intensité et leur réalisme, mais s'avèrent en fait des rêves générés par des désirs ardents. Effectivement, nos désirs sont source de nombreux rêves, en partie à cause de l'aspect compensatoire.

En effet, l'une des fonctions équilibrantes du rêve est de nous proposer des scénarios qui comblent un désir, assouvissent un besoin impérieux et viennent compenser un ou des manques vécus dans notre vie éveillée. Nous pouvons voir en rêve le décès d'une personne que nous souhaiterions voir disparaître de notre vie ; nous pouvons rêver de voyages lointains alors que notre vie est statique et monotone ; ou, encore, nous pouvons rêver de rencontrer l'âme sœur au moment où la solitude est lourde à porter. Bien sûr, ces rêves peuvent se réaliser un jour, mais il est important de garder présente à l'esprit cette fonction compensatoire du rêve.

Il est possible de développer notre discernement en apprenant à reconnaître ces rêves venant, en fait, équilibrer notre vie émotionnelle. Il s'agit d'avoir présent à l'esprit ce questionnement lorsque survient un rêve qui semble concerner le futur : « Ce rêve est-il uniquement le reflet d'un désir intense ? »

Il y a quelques années, Hélène, agente de recherche de quarante-cinq ans, rêva qu'elle gagnait 100 000 $ à la loterie. Malgré le réalisme de ce rêve, à ce jour, elle n'a

rien gagné. Ce rêve était sans doute issu d'un désir profond. En effet, elle traversait une période aride financiè-
rement. L'inconscient, dans sa grande sagesse, a généré
un rêve compensateur qui a allégé, du moins momentanément, le stress dû à ses préoccupations financières.

Les rêves générés par la peur

Ici encore, différents rêves reliés à des événements
dramatiques ont *a priori* le profil de rêves prémonitoires,
mais s'avèrent en fait la projection d'appréhensions, de
peurs conscientes ou inconscientes de la part du rêveur.
Ces rêves créent des angoisses, des appréhensions difficiles à vivre. C'est un cercle vicieux.

Ainsi, il est fréquent que des parents affligés par la
perte d'un enfant, à la suite d'une maladie ou d'un accident, rêvent du décès d'un autre de leurs enfants. Le traumatisme d'une telle tragédie chez les parents prend
plusieurs formes douloureuses; l'une d'elles consiste en
des cauchemars dans lesquels un autre enfant de la
famille décède. Cette question brûlante: «Est-ce un rêve
prémonitoire?» suscite une grande appréhension. Fort
heureusement, statistiques à l'appui, ces rêves s'avèrent,
dans des proportions extrêmement élevées, des rêves
générés par la peur et n'ont aucune portée prémonitoire.
Ces rêves douloureux ont toutefois besoin d'être racon-
tés, accueillis par l'entourage et, le cas échéant, s'ils per-
durent, une aide psychologique peut se révéler essentielle
à la guérison intérieure.

Ainsi, la peur sous toutes ses formes est un facteur
nuisible à bien des égards. Elle peut induire des rêves qui
s'apparentent à des rêves prémonitoires, mais qui n'en
sont pas. Par exemple, certains rêves d'accidents ou de

décès ne sont que le reflet d'une anxiété ou d'une appréhension vécue par le rêveur.

Ici également, il est possible de développer notre discernement, en apprenant à reconnaître ces rêves. Il s'agit
de garder la question suivante présente à l'esprit lorsque
survient un rêve potentiellement prémonitoire : « Ce rêve
correspond-il à une peur profonde qui m'habite ? » Il est
probable que la réponse qui émergera du fond de votre
cœur vous encouragera à mettre un bémol sur ce rêve
hautement angoissant.

Cela étant dit, une autre hypothèse peut être soulevée
quant à ces rêves qui s'apparentent à des rêves annonciateurs du futur, mais qui ne se réalisent jamais. Il n'est pas
exclu que ceux-ci reposent également sur des désirs ou
des peurs profondément enfouies. Toutefois, il est très
pertinent de les considérer sous l'angle de mises en situation virtuelles créées par l'inconscient.

Les rêves de mises en situation virtuelles

Certains rêves proposent des scénarios plausibles du
futur uniquement destinés, semble-t-il, à nous faire prendre
conscience de la manière dont nous réagirions, dans le cas
où ils se réaliseraient. Ces rêves s'apparentent, en quelque
sorte, à des mises en scène virtuelles, à des simulations
d'événements graves ou importants. Même s'ils ne se
réalisent jamais, ils nous conscientisent sur nous-même,
nos sentiments et nos réactions. Ils nous inspirent et même
nous incitent à envisager des stratégies de survie ou
d'action.

Vous rêvez avec réalisme et détails que votre maison
passe au feu. Au réveil, ce rêve angoissant va possiblement vous inciter à vérifier vos circuits électriques, votre

système de chauffage et à garder l'œil ouvert sur toute autre source potentielle d'incendie. Également, vous allez sans doute vous questionner : « Que ferais-je si ma maison passait réellement au feu ? Mes assurances sont-elles suffisantes ? Où irais-je habiter ? Mes papiers personnels sont-ils dans un lieu sûr ? Advenant un incendie, quelle serait pour moi la plus lourde perte ? Etc. » Il y a de fortes chances que ce simple questionnement agisse comme un déclencheur de réflexions et d'actions dans votre quotidien. Ainsi, il est permis de penser que de nombreux rêves viennent strictement élargir notre conscience, nous faisant envisager toutes sortes de situations de vie desquelles, de toute façon, nul n'est à l'abri.

Poursuivons notre exemple et supposons qu'au cours de ce rêve, tandis que l'incendie fait rage, vous réagissez avec promptitude et sang-froid. Ce rêve viendra vous rassurer sur votre habileté à faire face à des situations d'urgence. Si, au contraire, vous êtes pétrifié de peur, ce rêve pourrait bien être un incitatif, par exemple, à prendre conscience du pouvoir paralysant des peurs dans votre vie ou, encore, de votre difficulté à réagir sans délai dans une situation imprévue.

D'un certain point de vue, ces rêves troublants pourraient donc être vus comme des rêves d'apprentissage, nous permettant de développer nos potentialités et de pratiquer différentes habiletés ou stratégies d'action.

Ainsi, tous les rêves liés au futur, qu'ils se réalisent ou pas, peuvent être une source d'enrichissement. Abordons plus précisément l'utilité des rêves prédictifs et voyons ce qui contribue à les favoriser ou, au contraire, à en freiner la survenue.

CHAPITRE 5

Utilité, facteurs favorables et obstacles

De tout temps, les hommes ont été à l'affût des rêves porteurs d'informations sur le futur, en raison des nombreux avantages qu'ils comportent. En effet, que ceux-ci annoncent un événement heureux ou dramatique, ils sont de précieux alliés pour nous-même et pour nos proches.

Dans un rêve prédictif, si l'événement en cause est heureux, le rêveur ressentira sans doute un état d'anticipation positive. Si cet événement heureux se concrétise avec des variantes ou de façon mitigée, il lui sera probablement relativement aisé d'ajuster son tir.

Toutefois, il peut être momentanément difficile d'apprécier un rêve anticipant un événement douloureux et d'en reconnaître la valeur. Même dans ce cas, le rêve prémonitoire peut s'avérer une expérience très bénéfique. Il prépare le rêveur à vivre des événements difficiles, quand ceux-ci ne peuvent être évités, et lui font mobiliser ses ressources intérieures pour faire face à des épreuves. L'impact de ces événements est alors atténué.

Voyons les multiples bénéfices que nous pouvons retirer de nos rêves liés au futur, indépendamment de leur teneur.

LES BIENFAITS AU QUOTIDIEN

Mentionnons d'abord que tous nos rêves sont de précieux alliés, en ce qu'ils nous donnent continuellement le pouls de notre réalité intérieure, sur les plans physique, émotionnel et mental autant que spirituel. La vision globale qu'ils nous présentent nous permet, par conséquent, de mieux gérer de nombreux aspects de notre vie de tous les jours. Les rêves prémonitoires, pour leur part, viennent cibler une information, une perspective axée sur le futur. En nous dévoilant certaines potentialités ayant toutes les chances de se réaliser, si les conditions se maintiennent, ils nous préviennent, nous préparent intérieurement, nous guident et nous permettent bien souvent d'agir. Voyons ces différents points de façon plus détaillée.

Ils nous informent, nous préviennent

La plus importante raison d'être des rêves prémonitoires, selon Edgar Cayce, est d'informer le rêveur sur les différents champs de force existant dans sa vie. Parfois, ces renseignements serviront à en confirmer la direction positive et à en montrer les conséquences éventuelles dans le futur. En effet, une partie du subconscient regarde toujours devant. Il n'essaie pas de juger si nous sommes ou non sur la bonne voie, il perçoit simplement des événements susceptibles de se produire.

Les rêves prémonitoires nous informent également d'événements plus ponctuels, importants pour nous. Ainsi, en 1979 :

> Suzanne, inhalothérapeute de cinquante ans, se voit en rêve ouvrir une lettre l'informant de son acceptation pour un stage de perfectionnement en milieu hospitalier en France. Ce stage d'une durée de trois mois était offert par le ministère des Affaires sociales. Effectivement, la lettre confirmant la nouvelle arriva le lendemain.

La valeur des rêves prédictifs réside également dans l'avertissement qu'ils nous lancent. Bien souvent, l'information diffusée par le rêve servira de mise en garde, apprenant au rêveur que l'avenir qu'il est en train de bâtir, ne pourra le rendre heureux. L'avertissement peut concerner un événement ponctuel. Nicole Gratton nous relate une expérience bien concrète survenue en 1995 :

> Elle devait donner deux conférences à un colloque tenu à Québec. Deux mois avant l'événement, elle rêve que celui-ci sera annulé. Elle prévoit donc des alternatives «au cas où». Peu après, elle est effectivement avisée que le colloque n'aura pas lieu.

Sa déception a donc été atténuée, parce qu'elle avait été prévenue en rêve. Dans la même veine, à l'été 2004 :

> En rêve, Nicole se voit participer à deux entrevues diffusées par une grande chaîne de télévision. Trois mois plus tard, ce rêve se concrétise et, fait plutôt rare, elle participe à deux émissions dans la même saison pour cette chaîne télévisée. Son rêve l'en avait informée.

Voici un témoignage d'un autre ordre, relativement à un rêve bouleversant survenu il y a plus de trente-sept ans, dont la rêveuse Claire Beausoleil, une massothérapeute, a gardé un souvenir très vivace :

> Je rêve que je me lève la nuit pour aller à la salle de bains. La maison est dans le noir. La fournaise semble vibrer sur le plancher et, tout autour de la base, il y a un cercle de flammes rouges.
>
> Au réveil, un léger malaise m'habite. Je me rassure : «Si quelque chose arrive, ce ne sera sûrement pas grave, puisqu'il n'y a pas de fumée dans mon rêve. »
>
> Nous habitions le premier étage d'un immeuble à logements. C'était au début de novembre, en soirée, la température de la maison était un peu froide. Mon mari a allumé la fournaise. Nous étions à regarder la télévision lorsque, tout à coup, j'ai entendu un bruit sourd comme si la fournaise allait exploser. Nous avons accouru, la base de la fournaise était d'un rouge vif. Mon mari m'a crié de sortir les enfants dehors. Il était minuit. Les enfants, alors âgés de trois ans et un an, dormaient profondément et il faisait très froid dehors. En une fraction de seconde, j'ai réalisé tout le risque : l'explosion imminente de la fournaise, les enfants en danger, tout l'immeuble incendié. Cependant, à cause de mon rêve, j'avais la conviction inébranlable que la fournaise n'allait pas exploser. Aussi, j'ai fait le choix de ne pas réveiller les enfants, persuadée que nous allions réussir à contrer le danger à temps, et c'est ce qui s'est passé.

La rêveuse n'a pas eu le temps de tergiverser. Il fallait décider et vite ! Claire s'en est remise sans hésitation à son intuition et à l'information de son rêve. Les événements lui ont donné raison. Une telle décision n'était pas sans courage.

Dans certains cas, le même rêve d'avertissement peut se présenter plus d'une fois, comme si l'inconscient insistait en quelque sorte pour être entendu. Un rêve d'avertissement récurrent est de la plus haute importance. D'ailleurs, tout rêve insistant a pour rôle de nous conscientiser avec force, de nous montrer du doigt quelque chose à comprendre ou à réajuster. Il peut nous inciter à agir dans un contexte précis de notre vie. Si le rêveur fait fi de cet avertissement ou s'il ne comprend pas le message du rêve, l'inconscient va revenir à la charge avec d'autres rêves. Il peut véhiculer son message sous une forme de plus en plus dramatique, allant jusqu'au cauchemar, pour inciter le rêveur à réagir.

Ils nous guident

Les rêves prémonitoires existent également pour nous guider dans les choix de notre devenir. Certains d'entre eux peuvent en outre comporter des indices de solution ou des pistes nous indiquant une approche de la situation. Les trois rêves suivants sont des rêves très clairs de guidance, portant une information prémonitoire. Ils ont été soumis par Christine Morency, artiste peintre de trente-huit ans. Le 24 septembre 2004, elle fit un rêve marquant:

> Au moment du rêve, cela fait huit mois que je m'adonne à la peinture. Cependant, je ne suis pas satisfaite de ce que je produis; je n'arrive pas à cerner le style qui me convient et à l'exploiter convenablement sur les toiles. Cette nuit du 24 septembre 2004, je fais un rêve dans lequel je suis avec une dame dans une galerie d'art dont elle est propriétaire. Elle me donne toutes sortes de

renseignements utiles et me recommande une artiste du nom de Lacourse, qui apparemment travaille très bien. Elle insiste et me répète ce nom une deuxième fois, afin qu'il reste bien dans ma mémoire. Je me réveille et le note sans tarder pour ne pas oublier. Lacourse... je ne connais personne de ce nom.

Le lendemain, sur Internet, je fais une recherche avec le nom Lacourse. Ma surprise est grande lorsque je découvre l'existence d'une artiste peintre de ce nom. Or, son style et sa technique m'emballent et rejoignent exactement ce que je cherche à rendre dans ma peinture comme impression visuelle. J'étudie attentivement son travail, m'imprégnant des émotions qu'il dégage.

La découverte de cette artiste, grâce à mon rêve, a permis un déblocage majeur de mon propre style en peinture. Les jours suivants, j'ai réalisé une œuvre qui correspondait exactement à ce que je souhaitais créer. Bien que mon style diffère totalement de celui de Lacourse, l'œuvre de cette grande artiste a eu une influence directe sur mon propre travail.

Ce témoignage inspirant met en lumière la guidance dont la rêveuse a bénéficié grâce à son rêve. Celui-ci lui a transmis une information claire et précise qui allait avoir un impact direct et déterminant sur son futur.

Le second rêve, daté du 5 octobre 2004, est suivi d'un signe de jour :

Au moment du rêve, je suis en réflexion pour un changement de carrière et je me questionne sur le bon moment pour cesser mes activités de graphiste, afin de m'adonner à la peinture à temps plein. Je fais le rêve suivant :

Je suis à mon travail. Il y a une énorme quantité de tâches à remplir et celles-ci sont listées sur de grandes feuilles blanches. Ma collègue m'en donne une pile et me demande de m'en acquitter. Je prends la première feuille et je vois inscrit sur le dessus, en gros caractères : 1er DÉCEMBRE 2004. Je dis à ma collègue : « Je ne peux pas remplir cette commande, elle est datée du 1er décembre et à cette date-là, je ne serai plus ici, j'en aurai terminé définitivement avec ce travail. »

À mon réveil, je suis bien pressée de voir ce que me réserve cette date. En poursuivant ma réflexion, j'ouvre mon ordinateur et sur la page d'accueil, l'annonce d'un film attire mon attention. Je me rends sur le site proposé et là défile, devant mes yeux, une bande-annonce du film que je visionne avec émerveillement. À la fin de l'annonce, une grande fenêtre bleue montre l'inscription : « Sortie 1er décembre 2004 ». Je n'en crois pas mes yeux. Quelle synchronicité !

Ce rêve et ce signe de jour m'ont confirmé que je pouvais cesser mes activités de graphiste pour me consacrer à la peinture. Ce rêve était comme la permission pour moi, donnée par mon âme, de me défaire de toute culpabilité reliée au fait de délaisser une carrière de quinze ans. Le rêve me suggérait une date et le signe de jour du lendemain me donnait un aperçu des émotions d'émerveillement que je vivrais à la suite de cette décision. J'ai donc organisé mes affaires pour me libérer complètement de mon ancien travail.

L'après-midi du 1er décembre, j'ai pris conscience que je venais tout juste de terminer ma première œuvre ayant pour thème l'hiver. Qui plus est, c'est la première que j'ai vendue.

Christine a accueilli avec ouverture l'information de son rêve. Elle n'a pas interprété la date du 1er décembre comme une injonction à laquelle elle devait obéir aveuglément.

Elle s'est laissé inspirer par elle, en y voyant une période favorable pour effectuer la transition vers ses nouvelles activités.

Le troisième rêve de guidance de Christine date du printemps 2005 :

> Je rêve qu'une femme m'offre d'acquérir une grande affiche d'un artiste réputé. Elle me suggère fortement d'accepter son offre, car c'est une occasion en or. L'affiche porte un nom : TÉLESCOPE.
>
> Au cours de la même semaine, on m'a offert de participer à une émission télévisée. C'était une occasion en or pour moi de surmonter ma timidité. J'ai été tentée de refuser, mais je me suis souvenue de mon rêve : « Télé scoop[1]. » Mon rêve m'a donc incitée à accepter cette opportunité et, de fait, cela a été une expérience très gratifiante pour moi.

Ils permettent d'agir

Les rêves d'avertissement nous permettent d'éviter des catastrophes en corrigeant notre tir et en agissant quand il en est encore temps. Ils sont donc bénéfiques par les réactions et ajustements qu'ils entraînent.

William Dement, illustre chercheur américain, un des pionniers dans l'étude contemporaine du sommeil, a lui-même expérimenté, en 1964, un rêve d'avertissement fort éloquent :

---

1. *Télé scoop* pour *Télescope* : l'utilisation de jeux de mots, de calembours, que l'on nomme également « langage des oiseaux », est très fréquente dans les rêves.

> Je crache dans mon mouchoir et je découvre avec hor-
> reur que mon crachat est constellé de taches rouges. Je
> demande immédiatement à un ami radiologue de me
> faire une radio et, dès le lendemain, je retourne à son
> cabinet, mort de peur. Il m'accueille avec une expression
> lugubre (...). Sans un mot, il glisse ma radio sur le pan-
> neau. Et je vois que mes poumons sont piquetés de
> taches blanches – une douzaine de tumeurs cancé-
> reuses. Alors une vague d'angoisse et d'horreur impuis-
> sante me submerge. (...) Ma vie est fichue. Je me dis :
> «Espèce d'imbécile, c'est ta propre vie que tu as bou-
> sillée!» Et je me réveille[1].

Ce rêve, d'un réalisme stupéfiant, est un choc pour le rêveur. À l'époque, il fumait deux paquets par jour. Il n'a plus allumé une seule cigarette. Trente-cinq ans plus tard, sa conviction est entière : «Je suis persuadé d'avoir été sauvé par ce rêve.»

Ils nous préparent intérieurement

Le rêve prédictif transmet une information qui, d'emblée, nous prépare à l'éventualité d'un événement de notre vie. Nathalie Jacob relate ce rêve important datant de 1992 :

> Je suis dans une maison et j'entre dans la chambre à
> coucher où il y a une personne. Je sais que c'est ma
> mère biologique; je ne vois pas son visage car elle est
> dos à moi. Elle n'est pas grande, elle est grassette, elle a
> les cheveux roux. Elle a un accent anglais. Je ressens

---

1. Extrait de W. DEMENT et C. VAUGHAN, *Avoir un bon sommeil*, Paris, Éditions Odile Jacob, 2000, p. 289.

venant d'elle une culpabilité énorme et lourde. Je lui dis que je ne lui en veux pas, d'arrêter de s'en faire, que tout va très bien pour moi. Je lui donne du réconfort, c'est comme si je lui enlevais un poids. Je sors de la maison. Dehors, il y a deux petits garçons qui jouent. Je pars avec le sentiment que j'ai fait ce que j'avais à faire.

À mon réveil, je suis totalement bouleversée. Je pleure et je ris aux éclats en même temps. J'ai toujours su que j'étais adoptée. Je ne connais pas ma mère biologique.

Quelques années plus tard, en 1997, des événements ont fait que j'ai retrouvé ma mère biologique. Elle était petite, grassouillette, elle avait les cheveux teints avec des reflets roux. Elle avait un accent car sa langue maternelle est l'anglais. Lors de notre première rencontre, j'ai vu qu'elle ressentait beaucoup de colère et de culpabilité. J'ai essayé de la rassurer en lui affirmant que de mon côté tout s'était bien passé. J'ai eu le sentiment d'avoir fait ce que j'avais à faire. Aujourd'hui, elle est plus sereine. Le secret bien gardé est maintenant dévoilé. J'ai aussi appris que j'avais deux frères, dont un seul que j'ai rencontré à ce jour.

Préparation de longue haleine, ce rêve est survenu cinq ans avant la rencontre. Nathalie était préparée intérieurement à vivre cet événement marquant.

D'un tout autre ordre, l'expérience de Nicole Gratton vient illustrer combien les rêves prémonitoires peuvent nous préparer intérieurement à vivre certaines situations parfois exigeantes :

En 1984, Nicole s'adonne au saut en parachute. En trois mois, elle a réalisé vingt-trois sauts. Toutefois, elle doit éventuellement affronter un saut en chute libre, c'est-à-dire sans ouverture automatique du parachute. Or, déclencher elle-même l'ouverture du parachute la terrorise.

Une nuit, elle se voit en rêve réussir sans difficulté son saut en parachute. Confiante en son succès, le lendemain, elle affronte avec audace son premier saut en chute libre. Ce rêve lui a permis de surmonter sa peur et de prendre confiance en elle-même.

Conscients de tous les bénéfices que nous pouvons retirer de nos rêves prémonitoires, nous devons connaître ce qui peut les favoriser ou, au contraire, en freiner la manifestation. Voyons les principaux éléments entrant en ligne de compte.

FACTEURS FAVORISANT LES RÊVES PRÉMONITOIRES

Différentes conditions vont favoriser l'épanouissement de la prémonition, et ce, tant durant la vie éveillée que dans les rêves. Les facteurs suivants sont les plus fréquents. Ils peuvent agir conjointement chez une même personne.

Facteurs héréditaires et influences familiales

Selon l'étude de Ryback[1], de nombreux rêveurs parapsychiques mentionnent qu'un membre de la famille, une mère ou une grand-mère, était sujet à la prémonition et en particulier aux rêves prémonitoires. Il est donc très possible, selon le chercheur, qu'il y ait un facteur héréditaire dans les facultés parapsychiques. Par ailleurs, il est raisonnable de penser que les personnes ayant entendu

1. David RYBACK et Letitia SWEITZER, *Les Rêves prémonitoires, comment les interpréter,* Paris, Éditions Sand, 1990.

parler des rêves prémonitoires de leurs parents ou grands-parents s'autorisent davantage à se souvenir des leurs et à les raconter. Elles se trouvent alors appuyées dans leurs propres expériences.

Écoute de l'intuition

Les personnes plus intuitives et plus proches de leur senti à tous les points de vue seraient plus à même de vivre des expériences de prémonition, de jour comme de nuit, que les personnes plus intellectuelles et rationnelles.

Selon l'étude de Ryback, neuf récits de rêve sur dix lui avaient été envoyés par des femmes. Bien qu'il soit connu, selon ses dires, que les femmes écrivent davantage de lettres que les hommes, cela confirme une certaine croyance populaire voulant que les femmes sont plus en contact avec leur intuition que les hommes. Également, elles admettent peut-être plus aisément la réalité de leurs rêves parapsychiques.

Les hommes, souvent plus enclins à croire uniquement les explications de la science, sont susceptibles de bloquer ce don beaucoup plus fréquemment que les femmes. D'ailleurs, il est intéressant d'observer que lorsqu'un événement dramatique est sur le point de survenir dans la vie d'un homme, c'est souvent une femme de son entourage qui en reçoit l'information par rêve. En effet, il est significatif que les rêves prémonitoires des femmes concernent des hommes dans 60 % des cas.

En fait, cette intuition, dont nous sommes tous dotés au départ, est un outil, comme toutes nos autres facultés, pour nous aider à réaliser notre mission de vie et être au service de ceux qui se trouvent sur notre route. Mais pour bien jouer son rôle, celle-ci demande, la plupart du temps, d'être travaillée et affinée, à l'instar de toutes nos autres potentialités.

Mental calme et silencieux

À cette écoute de l'intuition, ajoutons, comme facteur favorable à la prémonition, un mental calme et silencieux. En effet, un mental non encombré de mille et une pensées sera un meilleur récepteur pour toute perception extrasensorielle et permettra une meilleure connexion à la mémoire du futur.

Réceptivité à la souffrance des autres

Certainement, la compassion est de nature à ouvrir un canal de réceptivité et à favoriser la perception d'informations concernant d'autres personnes, surtout si celles-ci sont dans une situation particulièrement éprouvante, en état de souffrance physique ou morale.

Une oreille attentive

Avoir une personne de confiance avec qui partager le contenu de ses rêves prémonitoires est indéniablement un atout favorable et un facteur d'équilibre psychologique pour le rêveur.

Intérêt pour les rêves

Les personnes en démarche active relativement à leurs rêves seront plus sujettes à vivre des rêves prémonitoires et à les mémoriser que celles qui en nient l'existence ou s'en désintéressent.

D'autres facteurs moins positifs sont également susceptibles de déclencher la survenue de phénomènes psychiques, telles la voyance, la télépathie, la prémonition de jour et la prémonition onirique. Voyons lesquels.

Stress, inquiétude et questionnement intense

Comme nous avons tendance à rêver de ce qui nous préoccupe, une forte inquiétude concernant une personne ou une situation de vie va d'autant plus orienter notre vécu onirique et même susciter un rêve qui analysera le futur. Le besoin intense de savoir, à cause de sa charge émotionnelle, s'avère un puissant déclencheur.

Les études ont révélé qu'en période de stress intense, il y a une plus grande incidence de rêves prémonitoires, vraisemblablement en réponse aux préoccupations qui tourmentent le rêveur.

Ryback cite également le témoignage d'une personne alléguant qu'un état de grande fatigue diminuait chez elle les barrières de son esprit conscient et rationnel, laissant alors davantage passer, à travers ses rêves, les informations d'ordre prémonitoire.

Traumatismes physiques ou psychiques

De nombreuses observations révèlent que des traumatismes physiques ou psychologiques sont de nature à déclencher des phénomènes parapsychiques, comme s'ils provoquaient une brusque ouverture dans la psyché. La plupart des cas répertoriés concernent différents aspects de la voyance et touchent par conséquent la prémonition.

Peter Hurkos[1], peintre en bâtiment d'origine hollandaise, se fractura le crâne en 1943 en tombant d'une échelle. Lorsqu'il reprit conscience à l'hôpital, il s'aperçut avec stupeur qu'il avait notamment la capacité de «lire» spontanément et sans effort dans la pensée des autres patients. Sa chute a provoqué un élargissement de son champ sensoriel.

Edgar Cayce fit une première expérience de canalisation, à la suite d'un accident. En effet, alors qu'il jouait dans la cour de l'école, il a été frappé à la nuque par une balle de baseball. Le soir venu, il sombra dans le coma. Or, pendant son sommeil comateux, il se mit à parler d'une voix claire et à donner des instructions précises pour qu'on le soigne. Ses parents les appliquèrent immédiatement avec succès.

Ian Borts, un des médiums les plus réputés d'Amérique du Nord, fit une chute alors qu'il était sur un terrain de basketball et se cogna la tête contre un rebord de béton. Ian sera amnésique pendant deux jours. Cet enfant de huit ans ne sera plus jamais le même. Il expérimenta des états de transe à partir de douze ans. Au cours de sa vie, il a donné plus de 11 000 lectures médiumniques et s'est distingué par ses dons psychiques. Ian Borts est décédé en septembre 1988[2].

Naturellement, tous les traumatismes physiques ne sont pas des déclencheurs automatiques de facultés

---

1. Tiré de Pascale MABY, *Le Dossier des prophètes, voyants et astrologues,* Ottawa, Éditions La Presse, 1975, p. 103.
2. Tiré de Éric PIGANI, *Channels, Les médiums du Nouvel-Âge,* Paris, L'âge du Verseau, 1989, p. 76.

psychiques particulières. Par conséquent, il est préférable de ne pas tirer de conclusions trop hâtives, si vous-même ou un proche avez été victime d'un accident à la tête...

Prise de certaines drogues

Dans la Grèce antique, la Pythie, prêtresse du temple d'Apollon, rendait ses oracles entourée de vapeurs d'encens produites par la combustion de plantes, semble-t-il, hallucinogènes. Également, les sorciers guérisseurs indiens du Mexique, après avoir absorbé des champignons « sacrés » appelés *kisos,* ont la réputation de savoir si un malade guérira ou non.

Loin de nous l'idée d'encourager la prise de drogues pour favoriser l'émergence de facultés psychiques ! Comme l'exprime très justement le physicien Régis Dutheil : « Il est essentiel de remarquer que l'usage de telles drogues est très dangereux pour l'individu ordinaire et ne peut conduire qu'à des résultats catastrophiques, car chercher à explorer d'autres réalités par ce moyen équivaut à se mettre dans la position d'un homme qui, ignorant tout des avions, se trouverait placé aux commandes d'un chasseur à réaction ultrasophistiqué, à quatre ou cinq mille kilomètres à l'heure[1]. »

Heureusement, des méthodes autres que l'usage de la drogue peuvent favoriser le développement des facultés psychiques. Ces méthodes peuvent mener à d'excellents résultats, de manière progressive et sécuritaire. Mais il est important de garder présent à l'esprit que toute expérience entreprise dans ce but doit s'appuyer sur un idéal élevé,

---

1. Tiré de Régis et Brigitte DUTHEIL, *L'homme superlumineux*, Paris, Éditions Sand, 1990, p. 68.

sinon elle peut s'avérer, au dire d'Edgar Cayce, souvent trompeuse ou même dangereuse. Cayce insiste sur le fait que le développement de nos facultés psychiques ne doit pas être une fin en soi, mais bien un moyen de progresser spirituellement, de mieux nous connaître et d'être au service d'autrui.

OBSTACLES À LA PRÉMONITION ET AUX RÊVES PRÉMONITOIRES

Si les facteurs énumérés plus haut ont une influence favorisant la survenue des rêves prémonitoires, d'autres facteurs vont constituer des freins au phénomène de la prémonition, et ce, durant la vie éveillée ou en rêve.

Parmi les obstacles à la prémonition, nous retrouvons les mécanismes psychologiques et l'éducation, les croyances du rêveur, ses peurs, le manque d'intérêt et de connaissances relié aux rêves, la passivité, l'intuition mise en veilleuse et, enfin, la focalisation excessive sur le passé.

Mécanismes psychologiques et éducation

Un des obstacles de taille à la survenue de prémonitions et de rêves prémonitoires découle de nos mécanismes psychologiques et de notre éducation. En effet, imprégnés de la conception linéaire du temps, nous sommes réglés par l'horloge et enracinés dans cette croyance que nous évoluons du passé vers le futur. Cette conception chapeaute toute la structure de notre vie et celle de la société.

Même si les différentes théories de pointe en physique quantique suggèrent que notre mémoire peut embrasser autant le futur que le passé, cette connaissance est encore relativement récente. Le nouveau paradigme ne s'est pas encore substitué à l'ancien. Nous n'avons que très peu appris jusqu'à maintenant à nous servir de cette faculté de vision du futur.

Croyances

Les croyances jouent un rôle non négligeable dans la survenue des phénomènes psychiques, tels les rêves prémonitoires. Cela a été clairement démontré, notamment dans une étude menée par G.R. Schmeidler et R.A. Mc Connell[1]. Les gens qui nient l'existence des processus parapsychiques, de façon globale ou pour eux-mêmes, vont inconsciemment les oublier ou opérer vis-à-vis d'eux un blocage.

Ainsi, la personne persuadée que les rêves prémonitoires « c'est pour les autres seulement », qu'elle n'est pas assez psychique pour en faire, va automatiquement créer un blocage et ne sera pas à même d'accueillir les informations relatives au futur issues de ses rêves. Nombre de croyances négatives entourant les rêves sont basées sur un manque d'informations et sur des peurs. Un travail visant à démasquer ces fausses croyances peut s'avérer essentiel, de manière à remplacer celles-ci, non pas par d'autres croyances, mais par des informations éclairées.

En définitive, même si les rêves prémonitoires ne surviennent pas exclusivement chez les gens qui croient *a priori* à la prémonition, il y a une influence certaine des convictions sur l'apparition de tels phénomènes.

---

1. Cette étude a été publiée dans un ouvrage intitulé *ESP and Personality Pattern,* Haven, Connecticut, Yale University Press, 1958.

Peurs au pluriel

Les peurs jouent un rôle majeur dans toute la problématique des rêves psychiques. Voici les plus marquantes :

• *La peur des réactions d'autrui*

Certaines personnes n'osent pas avouer qu'elles font des rêves prémonitoires. Cela crée chez elles une tension énorme. Ce fardeau pourrait s'alléger si elles se confiaient à quelqu'un d'autre. Curieusement, les personnes rêvant à un décès ou à un accident grave se sentent souvent coupables lorsque les événements se concrétisent, comme si le fait de rêver à une catastrophe l'avait attirée. On peut donc pressentir combien il est important que ces rêves soient partagés et que le rêveur soit accueilli dans ce qu'il vit, peu importe les événements annoncés par ses rêves.

La peur d'être tournées en ridicule peut inciter certaines personnes à bloquer inconsciemment les rêves prémonitoires. Lorsque les rêves se réalisent, les sarcasmes de l'entourage cessent, mais il n'est pas rare que les gens aient ensuite peur de se faire raconter des rêves relatifs au futur et fuient le rêveur qui veut les partager.

Les réactions d'autrui, tels la moquerie, l'indifférence ou le jugement face aux rêves prémonitoires, pourraient justifier la résistance de certaines personnes à accueillir ces rêves ou encore à les partager. Un milieu où l'on nie l'existence de ces rêves dissuade certains de ses membres de parler de ces phénomènes. Cela est particulièrement vrai pour les enfants et les adolescents, peu désireux de s'attirer la désapprobation de leur entourage. Ils peuvent finalement apprendre à bloquer le souvenir de tels rêves perçus comme dérangeants.

• *La peur de revivre un autre rêve prémonitoire dramatique*

Comme nous l'avons évoqué précédemment, l'appréhension de vivre un autre rêve prémonitoire éprouvant est susceptible de créer un blocage immédiat. Certains rêveurs avouent qu'après le premier rêve prémonitoire, ils ont essayé de ne plus se souvenir de leurs rêves.

• *La peur du déséquilibre, de la folie*

La peur que la survenue de rêves prémonitoires provoque un déséquilibre psychologique ou même un état de folie latent, ou qu'elle y conduise éventuellement, peut être source d'angoisse pour un rêveur psychique. Puisque la survenue des rêves psychiques est généralement imprévisible, le rêveur peut se sentir à la merci d'un tel phénomène, comme s'il perdait le contrôle d'une partie de lui-même.

Manque d'intérêt et d'informations sur les rêves

Une personne qui ne porte aucun intérêt à ses rêves voit nécessairement sa mémoire de rêves s'appauvrir avec le temps. Par conséquent, le rêveur en vient à penser qu'il ne rêve plus. Le cercle vicieux s'installe. Les précieuses informations du rêve restent dans la mémoire inconsciente et demeurent inutilisables, surtout si, en plus, le rêveur n'est pas à l'écoute de son intuition et des synchronicités durant sa vie éveillée.

Dans ces conditions, une personne sera peu encline à expérimenter des rêves prémonitoires, sauf sur une base tout à fait exceptionnelle. Or, le manque d'intérêt et le manque de connaissances sont étroitement liés, le premier découlant souvent d'une absence d'informations pertinentes. Lorsque le rêveur prend conscience, par une information adéquate, de toute la richesse de son monde onirique, l'intérêt se développe à coup sûr.

Le manque de connaissances est donc, sous cet angle, un obstacle global aux rêves prémonitoires. En effet, une personne *qui ne sait pas* ne va pas créer d'ouverture particulière pour vivre de telles expériences. Elle risque de vivre en deçà de son potentiel réel.

Mentionnons que la connaissance dont il s'agit n'est pas tant d'ordre intellectuel. En effet, certaines informations de base sont précieuses, mais la connaissance requise pour créer une ouverture sur le plan des rêves prémonitoires relève de la conscience : «être conscient» de soi, de son potentiel, de la vie intérieure qui nous anime. Or, nous vivons à une époque où l'information est surabondante et très facilement accessible ; l'ignorance n'a plus de raison d'être.

Passivité

Même si un rêveur dispose de toute l'information possible sur la manière de travailler ses rêves, s'il n'entreprend aucune démarche concrète, il n'en retirera que de maigres bénéfices.

De plus, comme nous l'avons déjà mentionné, le fait d'accorder peu d'attention à nos rêves aboutit presque inévitablement à appauvrir notre mémoire onirique. Un minimum de discipline et de persévérance permet de surmonter l'inertie. Dans le domaine des rêves, comme dans bien d'autres domaines de notre vie, le bénéfice est à la mesure de l'investissement de temps et d'énergie.

Surmonter la passivité qui nous assaille à certains moments, même face à des sujets ou à des activités passionnantes au départ, est une difficulté que nous rencontrons tous. Mais relever ce défi en vaut la peine. L'important est d'amorcer la démarche et de la suivre à son propre rythme.

Intuition en veilleuse

Avec l'avancement de la science et de la technologie, il semble que nous sommes collectivement devenus moins intuitifs, que nous nous référons de moins en moins à nos sensations et à notre senti. Nous accordons une totale confiance à nos cinq sens et mettons en veilleuse ce sixième sens, pourtant à notre disposition. Ce qui n'est pas utilisé s'atrophie. Ce principe, vrai à plusieurs points de vue, s'applique aussi à cette faculté psychique. Également, la préséance du mental sur l'intuition contribue à limiter les données accessibles issues principalement du cerveau droit, dont les rêves.

Focalisation excessive sur le passé

Laurent Lachance évoque un autre facteur susceptible de faire obstacle à la prémonition chez certaines personnes : la tendance à trop se focaliser sur le passé : « Quand on est porté vers le passé, on s'occupe peu de l'avenir. On ne recevra donc pas de lumière de ce côté, à moins que l'Inconscient décide de faire contrepoids et veuille nous faire changer de point de vue[1]. »

---

1. Laurent LACHANCE, *Les rêves portent conseil, guide d'interprétation,* Montréal, Éditions de l'Homme, 2000, p. 104.

En définitive, la survenue de rêves prémonitoires est influencée par nombre de facteurs que nous avons explorés. Le prochain chapitre nous permettra d'en voir les multiples scénarios dans la vie de tous les jours et, surtout, de savoir comment composer avec cette réalité. En d'autres termes, que faire quand survient un rêve potentiellement prémonitoire?

CHAPITRE 6

Les rêves prémonitoires au quotidien

D'un individu à l'autre, il existe une grande diversité de vécus face à la prémonition, dans la vie éveillée ou en rêve. Certaines personnes ne se souviennent que d'un seul grand rêve prémonitoire au cours de toute leur vie, rêve qui s'est réalisé intégralement. De fait, même quelqu'un se souvenant généralement peu de ses rêves ou ne s'en souvenant pas, peut faire un rêve prémonitoire d'importance.

D'autres gens voient en rêve, de façon anticipée, les événements les plus marquants de leur vie. Ainsi, au début du XXe siècle, Walter Franklin Prince, psychologue, historien et passionné de recherches psychiques, a relaté avoir fait quatre grands rêves prémonitoires au cours de sa vie. Selon ses propres termes, comparativement à ceux-ci, tous les autres rêves paraissaient être «des lucioles à côté d'un éclair[1]».

Par ailleurs, certaines personnes n'ont jamais fait de rêves prémonitoires importants, mais rêvent fréquemment

---

1. J. PIERRE, et M.-C. JACQUET, *Inexpliqué, le monde de l'étrange et du mystère,* vol. 6, Québec, Éditions Grolier limitée, 1983, p. 558.

de petits incidents de la vie quotidienne qui se concrétisent ensuite. Également, il est fréquent que les personnes sujettes aux rêves prémonitoires aient des intuitions, des pressentiments durant la journée. Quand l'esprit est réceptif, les perceptions se présentent sans égard à l'heure.

Si de nombreuses personnes n'ont le souvenir d'aucun rêve prémonitoire, grand ou petit, certaines d'entre elles affirment avoir durant le jour, de façon assez régulière, des pressentiments qui s'avèrent justes. Il semble que plus les individus tiennent compte de leurs intuitions et prémonitions, plus celles-ci se manifestent fréquemment.

D'autres encore, selon leurs dires, n'ont ni pressentiments durant la vie éveillée ni rêves liés au futur. Si nous examinions davantage leur vécu, nous constaterions possiblement que ces personnes, à leur insu, utilisent leur intuition dans la vie de tous les jours, sans se reconnaître cette capacité ou la nommer clairement.

Quoi qu'il en soit, il n'existe aucun moyen de savoir de façon infaillible si l'on vient de faire ou non un rêve prémonitoire. Nous pouvons néanmoins tenter de cerner comment se présente l'information prémonitoire dans nos différents rêves.

L'INFORMATION PRÉMONITOIRE
ET SES DIVERS SCÉNARIOS

La vision la plus répandue du rêve prémonitoire est celle où tout le rêve, à l'aide d'un scénario long et relativement détaillé, va relater un événement éventuel de notre vie ou de celle de nos proches. L'information prémonitoire est donc étalée sur l'ensemble du rêve, telle une histoire.

Il arrive, par ailleurs, que l'information prémonitoire soit contenue dans un rêve très court ou même seulement un flash. Nous avons relaté précédemment ce rêve où la rêveuse entend : «Ton livre sera publié !» Une voix, un message, point à la ligne, tout est dit !

D'autres rêves prémonitoires très courts sont toutefois à saisir au vol, comme celui de Gervaise Drogue :

> Je rêve que ma belle-sœur Claudette court après le crâne d'un bébé. Au moment du rêve, je n'étais même pas informée de sa grossesse. Le rêve m'a fait comprendre non seulement qu'elle était enceinte, mais qu'elle perdrait son bébé.
>
> Trois semaines plus tard, ma belle-sœur rend visite à son médecin. Le fœtus est mort. Elle doit subir un curetage d'urgence.

Mentionnons que ce rêve très court implique au départ une information télépathique sur la grossesse elle-même.

Une information prémonitoire peut également survenir au cours d'un rêve «ordinaire». Appelons «rêves ordinaires» les rêves habituels qui peuplent nos nuits, reflets de notre réalité intérieure ou extérieure du moment. Ainsi, des rêves tout à fait ordinaires peuvent contenir une bribe d'information liée au futur. Dans un contexte de rêve tout à fait symbolique, il peut survenir un personnage que vous rencontrerez plus tard, ou encore le rêve peut vous montrer un paysage que vous reconnaîtrez éventuellement dans le futur.

Ces informations prémonitoires, comme de petits clins d'œil, sont en relation avec le futur, mais ne relatent pas, comme tel, un incident ou un événement particulier. Parfois, l'information prémonitoire est livrée à petites doses, répartie sur plusieurs rêves et, tel un casse-tête, n'est compréhensible que lorsque toutes les parties sont réunies. Ici, c'est la relecture des rêves effectués sur une certaine période de temps qui permettra de les repérer et de reconstituer l'information dans sa totalité. Cette importante question sera abordée un peu plus loin.

Ainsi, une information discrète relative au futur peut se glisser dans un rêve qui concerne, pour la quasi-totalité, le présent du rêveur, d'où l'intérêt de prêter attention aux contenus oniriques et à tous les détails qui s'y retrouvent.

Les scénarios que nous venons de décrire ne sont pas exhaustifs. Ils donnent un aperçu de la variété de l'information prémonitoire.

Maintenant que nous avons exploré les rêves prémonitoires sous différents éclairages, abordons concrètement ce qu'il y a lieu de faire lorsque survient un rêve susceptible d'être lié au futur.

COMMENT ABORDER
LE RÊVE PRÉMONITOIRE POTENTIEL

Les rêves prédictifs ont globalement deux profils : un positif, s'ils concernent des événements heureux, des perspectives réjouissantes ou tout autre scénario enviable ; un négatif, s'ils concernent des événements difficiles, des épreuves, des changements exigeants ou encore des situations dramatiques. Dans l'un ou l'autre cas, les démarches suivantes sont hautement suggérées :

Écrivez le récit de votre rêve

Dès que possible après votre réveil, écrivez le récit de votre rêve et la date, en mentionnant le maximum de détails. Mieux vaut tout noter alors que le rêve est encore frais à votre esprit. Plusieurs détails importants risquent de s'estomper rapidement si vous vous fiez à votre seule mémoire. Si le rêve a une portée dramatique, cette première démarche aura pour effet de diminuer le degré de stress et de clarifier votre pensée.

Considérez d'abord votre rêve sous l'aspect symbolique

Au départ, il s'agit d'aborder votre rêve prédictif comme tous les autres en essayant de comprendre les symboles du rêve par rapport à vous-même. Qu'est-ce que ce rêve vient vous apprendre sur vous, sur les aspects importants de votre vie ? Que pouvez-vous en comprendre ? Il est important de chercher à quel aspect précis de votre vie ce rêve peut se rattacher.

Même si vous avez de bonnes raisons de penser que votre rêve concerne un événement à venir, c'est une démarche toujours utile de l'étudier d'abord sous l'angle symbolique. L'inconscient peut utiliser le scénario d'un rêve pour avertir le rêveur d'événements éventuels et lui communiquer en même temps des informations valables sur d'autres plans de son être. En effet, le rêve fonctionne selon un principe d'économie. Nicole Gratton nous le souligne à juste titre dans un de ses ouvrages[1].

Considérez ensuite votre rêve sous l'aspect prévisionnel

S'il convient de considérer tout rêve sous l'angle psychologique, il est également important d'aborder chacun

---

1. Voir Nicole GRATTON, *Les Rêves, messagers de la nuit,* Montréal, Éditions de l'Homme, 1998.

de nos rêves sous un angle prévisionnel, comme rêve d'avertissement. Demandez-vous : « Qu'est-ce que ce rêve pourrait suggérer pour le futur ? Quel avertissement pourrais-je en retirer ? »

La perspective d'événements heureux étant généralement assez simple à gérer, les rêves d'avertissements positifs posent rarement un problème. Nous allons poursuivre notre démarche en examinant maintenant les rêves d'avertissements à portée dramatique.

SI LE RÊVE PRÉDICTIF EST DRAMATIQUE

Quand survient un rêve inquiétant, il vaut mieux garder son calme et éviter de se tourmenter outre mesure. Toutefois, on peut poser certains actes immédiatement de manière à tenir compte de l'information reçue en rêve. Les étapes suivantes sont importantes :

Utilisez votre pensée créatrice

Après avoir terminé la rédaction détaillée de votre rêve, ou le plus tôt possible après votre réveil, prévoyez une période de travail intérieur. En effet, il est possible d'utiliser immédiatement votre pensée créatrice pour influencer la situation potentielle présentée en rêve, à titre préventif. Voici une approche très simple, en trois étapes, basée sur la visualisation[1] et la concentration :

1. Cette approche est en partie inspirée par Shakti GAWAIN et tirée de son livre *Techniques de visualisation créatrice, la puissance de la pensée*, Paris, Éditions J'ai lu, 2004.

1. *Exercice préparatoire : centrage et enracinement*

- Dans une position assise confortable, le dos droit et les pieds bien ancrés au sol, respirez profondément en comptant à rebours de dix à un, jusqu'à ce que vous soyez complètement détendu, de corps et d'esprit.

- Imaginez ensuite une longue corde attachée à la base de votre colonne vertébrale, traversant le sol et s'enfonçant profondément dans la terre.

- Visualisez maintenant que l'énergie terrestre remonte le long de cette corde et pénètre par la plante de vos pieds, se répandant dans votre corps et imprégnant chaque cellule, puis ressort par le sommet de votre tête.

- Imaginez ensuite que l'énergie du cosmos pénètre en vous par le sommet de votre tête et se répand dans tout votre corps ; l'énergie ressort ensuite par vos pieds, rejoignant la corde et s'enfonçant dans la terre.

- Ressentez ou visualisez maintenant ces deux courants d'énergie circulant librement, en aller-retour, dans tout votre corps.

Cet exercice préparatoire, consistant à vous centrer et à vous enraciner, est extrêmement important et peut être exécuté, avec un peu de pratique, en un temps relativement court. Mentionnons ici que durant l'exercice préparatoire et la visualisation, l'important n'est pas de « ressentir » les courants d'énergie. Même si vous ne ressentez rien, sachez que l'efficacité de votre démarche n'est pas compromise pour autant. La visualisation sert à activer votre pensée créatrice. L'intention et la concentration sont déterminantes. De même, si vous avez de la difficulté à visualiser, mais que vous ressentez clairement ce qui se passe, vous avez également atteint votre but. Lorsque cette étape est terminée, vous êtes prêt à passer à la suivante :

2. *Transmission de lumière et invocation*

- Fixez maintenant votre attention sur la région du cœur. Visualisez une lumière dorée émanant de votre cœur, brillante et chaude ; sentez-la grandir, s'épancher hors de vous de plus en plus loin. Enveloppez de cette lumière tous les êtres concernés par la situation du rêve.

- Faites une invocation[1] dans vos propres mots ou comme suit : « J'invoque pour (nommez la personne concernée) toute la protection dont elle a besoin », ou encore « Qu'elle soit protégée à chaque instant ». Préférablement, utilisez une phrase courte et ciblée. Cette invocation doit émaner de votre cœur plutôt que de votre tête et prendre appui sur votre compassion. Évitez toute crispation mentale ou émotionnelle ; celle-ci ne peut qu'entraver votre démarche.

- Si le rêve concerne le décès inévitable d'une personne malade ou âgée, enveloppez cette personne de lumière et d'amour et demandez qu'elle soit accompagnée et guidée pendant cette transition.

---

1. Invoquer signifie « faire entrer » ou « faire appel ». Il s'agit ici de faire appel à des énergies de protection et d'amour. Voir Shakti GAWAIN, *Techniques de visualisation créatrice, la puissance de la pensée,* Paris, Éditions J'ai lu, 2004, p. 121. L'invocation est en quelque sorte une prière.

- Si le rêve vous concerne, enveloppez-vous d'un manteau ou encore d'une bulle de lumière et invoquez, selon vos croyances, vos guides ou toute instance spirituelle, et demandez protection pour vous-même.

3. *Visualisation créatrice : changement de scénario*

- Sans crispation, revoyez mentalement votre rêve juste avant le déroulement de la scène dramatique. Visualisez maintenant, avec le plus de détails possible, un autre scénario avec une finale différente et heureuse. Par exemple, dans le cas d'un accident de voiture, visualisez la voiture entourée de lumière circulant en toute sécurité sur la route.

- Cessez votre visualisation lorsque vous éprouvez un sentiment d'apaisement.

Durant les heures qui suivent, chaque fois que vous pensez à votre rêve, reparcourez mentalement ces trois étapes. Cela peut se faire en quelques secondes seulement. Au coucher, répétez le processus. Poursuivez ce travail aussi longtemps que vous en ressentez intérieurement la nécessité. Les situations concernées par les rêves d'avertissements se présentent généralement dans un délai assez court. Toutefois, si rien ne se produit, il est suggéré de poursuivre quotidiennement les visualisations reliées à un rêve spécifique pendant une durée de vingt et un jours. C'est le délai habituel conseillé dans les exercices de programmation mentale utilisant la visualisation.

Ce travail intérieur est déjà un premier plan d'action. Il est invisible et non palpable. Il prend appui sur le pouvoir créateur de l'esprit. Lorsque cette démarche a été accomplie, il est ensuite important de lâcher prise quant aux résultats, d'accepter que différents facteurs entrent en ligne de compte et puissent interférer avec l'issue d'un événement prédit en rêve ou l'influencer. Même si aucune action extérieure n'est entreprise, ce travail intérieur vous donne votre plein pouvoir. Votre esprit intervient sur un plan où toute réalité prend d'abord naissance.

Des actions extérieures et concrètes centrées sur l'information du rêve peuvent être également envisagées.

Prenez des mesures préventives

Si l'événement prédit en rêve peut être évité, une action avisée aidera éventuellement à contrer les événements ou du moins à en minimiser les effets. Si vous envisagez la conduite à tenir «au cas où» votre rêve se concrétiserait, vous maximisez vos ressources pour affronter la réalité si elle se réalise néanmoins.

Prévoyez également ce qu'il serait à propos de faire pendant et après l'événement pour atténuer l'impact négatif de cet événement ou, au contraire, pour renforcer son effet positif.

Racontez votre rêve à quelqu'un

Nous avons déjà évoqué l'importance de la communication. Trouver une personne digne de confiance pour partager ses rêves est très précieux. L'idéal est de les partager avec les personnes avec qui nous vivons quand c'est possible. Adopter cette merveilleuse habitude de partager vos rêves, particulièrement au repas du matin, peut être extrêmement stimulant et libérateur pour vous-même, mais aussi pour tous les membres de votre famille.

Il va de soi que, dans le cas d'un rêve de mortalité, il n'est pas indiqué de le confier à la personne concernée par le rêve, mais à un proche qui pourrait en tenir compte et prendre, s'il y a lieu, des mesures appropriées.

Mentionnons enfin que de plus en plus de consultants sont formés dans le domaine des rêves. Ce sont d'excellentes personnes-ressources à qui vous pouvez vous référer pour le partage et la compréhension de vos rêves.

Vérifiez les rêves de vos proches

Lorsque vous faites un rêve dramatique vous concernant vous-même ou concernant vos proches, il serait avisé, du moins pendant quelques jours, de vérifier leurs rêves. D'autres personnes près de vous ont-elles eu des rêves similaires au vôtre ? Y a-t-il des recoupements ? Un événement éventuel, important pour toute la famille, pourrait être perçu par plus d'un membre sous forme de rêves ayant des points en commun ou encore de rêves prémonitoires partagés. Le fait que plus d'un membre de la famille rêve d'un événement dramatique semblable, dans un même intervalle, pourrait certes inciter à une plus grande vigilance selon l'événement annoncé.

Être à l'écoute de vos rêves et de ceux de vos proches peut s'avérer une façon valable de prendre le pouls au sujet de situations éventuelles susceptibles d'impliquer toute la famille.

Soyez attentif aux signes de jour

Quand survient un rêve ayant des possibilités de se concrétiser, il est très avisé d'être à l'écoute des signes de jour. Nous avons vu que les rêves prémonitoires étaient souvent accompagnés ou précédés de pressentiments et d'intuitions. En effet, si vous prêtez attention aux événements et situations de votre vie éveillée, il est possible que vous puissiez par ailleurs repérer des indices venant confirmer, préciser, nuancer ou, au contraire, infirmer l'information perçue en rêve. Il s'agit ici d'une démarche d'intuition.

Les signes de jour sont une sorte de langage symbolique, à la fois simple et précis. Ils nous incitent à être attentifs à ce qui se passe autour de nous et en nous, ces deux volets étant des miroirs l'un de l'autre. Il suffit de regarder, d'écouter et de percevoir pour accueillir les messages qu'ils nous livrent comme autant de réponses à nos questions.

Ainsi, si vous faites un rêve où il est question « d'accident d'auto au cours d'un voyage » et qu'effectivement vous partez en voyage et prévoyez louer une voiture, vous pourriez être attentif à ce qui se passe au cours de vos préparatifs. Est-ce que tout se déroule avec facilité ou faites-vous face à des obstacles à la moindre démarche ? Les événements, comme autant de signes de jour, vous incitent-ils à modifier ou à annuler ce projet ou, au contraire, vous encouragent-ils à aller de l'avant ? Est-ce que vos proches, avec qui vous partez en voyage, ont également rêvé d'accident ? Si oui, dans quel contexte ? C'est une première approche.

Advenant des signes de jour neutres ou plutôt défavorables au voyage, il est particulièrement indiqué de vérifier tout indice suggérant que le scénario du rêve se met en place et que la possibilité d'accident se précise. C'est là qu'une action pourrait être entreprise, comme de modifier en partie les plans prévus.

Il ne s'agit pas de tomber dans la superstition ou l'interprétation abusive de ce qui se passe dans votre vie ou, encore, de voir des signes partout. Le discernement a sa juste place. Toutefois, cet exemple sommaire vise à donner un aperçu de l'intérêt d'être à l'écoute du quotidien, particulièrement lorsque survient un rêve relatif au futur.

AGIR QUAND C'EST LE TEMPS

Certains rêves d'avertissement sont clairs et ne portent pas à confusion quant à ce qui peut survenir. Quand on voit les éléments d'un rêve prendre place un à un dans la réalité, on constate alors que le scénario est en train de se concrétiser. C'est là qu'il faut agir pour contrer les événements si ces derniers sont funestes. Edgar Cayce se prononce avec clarté sur ce point : « Rappelez-vous que le futur n'est ni déterminé ni fixé d'avance. Votre rêve pourrait prédire un événement futur possible, basé sur des décisions et des influences qui sont déjà en mouvement ; il servirait alors d'avertissement, afin que vous puissiez effectuer les changements nécessaires. Grâce à votre libre arbitre, si tel est votre désir, vous pouvez construire un futur différent. »

Voici un rêve où une action pouvait être entreprise pour modifier le cours des événements et où le rêveur est effectivement intervenu :

J'ai fait un rêve dans lequel l'œil de mon père saignait abondamment à cause d'un accident impliquant la machine avec laquelle il travaillait. Je savais qu'il avait perdu son œil.

Lorsque je me suis réveillé, j'ai appelé mes parents immédiatement et j'ai demandé à mon père ce qu'il planifiait de faire pendant la journée. Il m'a dit qu'il allait travailler dans son atelier avec sa perceuse et sa scie circulaire. En entendant cela, je lui ai fait promettre de porter des lunettes de sûreté. Puis, j'ai parlé à ma mère, lui ai raconté le rêve et l'ai convaincue de surveiller mon père de près.

Ce soir-là, mon père m'a appelé, ne pouvant y croire, pour me dire qu'un morceau de bois avait été propulsé de la scie directement vers son œil et avait brisé ses lunettes de sûreté. Il était très reconnaissant et a admis que c'était vraiment un miracle que son œil n'ait pas été touché.

Voilà un très bel exemple d'un rêve d'avertissement mis à profit par le rêveur. Malheureusement, de nombreux rêves d'avertissement restent lettres mortes. C'est du moins ce qui est ressorti de l'étude de Louisa Rhine, menée autour des années soixante. Cette étude portait sur 433 rêves prémonitoires concernant des événements dont le déroulement aurait pu être modifié si le rêveur avait engagé une action conséquente. Or, une telle démarche n'avait été entreprise que dans 33 % des cas. Cette étude n'est pas récente, mais la nature humaine étant ce qu'elle est, ces chiffres trouveraient sans doute confirmation encore de nos jours. Donc, n'attendons pas le point de non-retour et agissons quand c'est le temps !

À la suite d'un rêve d'avertissement, le risque est présent de se laisser gagner par la peur et l'appréhension, et d'attendre passivement dans l'incertitude que le destin montre son jeu. Entreprendre une action après un rêve d'avertissement implique d'abord de faire confiance à l'information reçue en rêve. Cela requiert également le courage d'intervenir, d'accomplir un geste pour contrer les événements. C'est en fait une merveilleuse opportunité d'utiliser son libre arbitre alors que c'est possible et souhaitable de le faire.

Un rêveur peut choisir de ne pas agir, même s'il a la possibilité de le faire. Advenant toutefois la matérialisation du rêve, le rêveur risque d'en ressentir une grande culpabilité.

Il arrive cependant que, malgré des tentatives pour prévenir ou modifier le cours des événements, d'autres facteurs entrent en ligne de compte et que le rêve se concrétise néanmoins.

Danielle L'Heureux, naturopathe, se souvient encore de ce rêve vécu autour des années quatre-vingt. Son jeune frère, alors âgé de seize ans, travaillait durant l'été dans une boutique du Métro Longueuil et s'y rendait à bicyclette :

> Je suis sur les lieux du travail de mon frère. Je constate que sa bicyclette n'est pas à l'endroit habituel. J'ai la conviction qu'elle a été volée.
>
> À son réveil, animée d'un sentiment d'urgence, Danielle tente de joindre son jeune frère pour le mettre en garde. Hélas, celui-ci est déjà parti et ne peut être contacté. Le soir venu, elle le joint et lui raconte son rêve. Il lui répond : « Il est trop tard ! Je me suis fait voler ma bicyclette durant la journée. »

L'événement prédit en rêve n'a donc pu être évité. Il demeure que Danielle a réagi de façon adéquate. En définitive, même si un rêve prend forme dans la réalité, un rêveur qui sera intervenu dans la mesure de ses possibilités se sentira davantage en paix avec lui-même.

Il arrive qu'un rêve prédictif concerne un décès inévitable, celui d'une personne âgée ou atteinte d'une maladie grave. Un tel rêve peut inspirer de faire des gestes concrets, non dans le but de contrer les événements mais dans celui d'utiliser au mieux le temps qui reste. Le rêveur a alors une opportunité d'agir : peut-être renouer ou renforcer les liens tandis qu'il en est encore temps ; rendre une visite qui peut s'avérer être la dernière ; exprimer son affection envers cette personne ; peut-être même pardonner et fermer la boucle de situations en suspens. Comme le décès n'est pas encore survenu, le rêveur a l'occasion d'agir dans une sérénité relative. Lorsque la mort réelle se produira, le choc aura été atténué par l'annonce anticipée de l'événement. Le rêveur aura la consolation d'avoir pu exprimer certaines choses qui autrement n'auraient peut-être jamais été dites.

David Ryback fait ce commentaire : «La réaction appropriée à un rêve prémonitoire correspond presque toujours à une attitude qui se révélerait positive en toutes circonstances. En considérant ce rêve comme une réalité éventuelle, vous n'avez rien perdu ; vous vous êtes, au contraire, considérablement enrichi[1].»

RÊVE PRÉMONITOIRE
INCOMPLET, VAGUE OU AMBIGU

Lorsque survient un rêve prémonitoire incomplet, vague ou ambigu, le risque le plus important pour le

---

1. David RYBACK et Letitia SWEITZER, *Les Rêves prémonitoires, comment les interpréter,* Paris, Éditions Sand, 1990, p. 97.

rêveur est de sauter aux conclusions sur ce que le rêve semble indiquer. Cette anecdote savoureuse racontée par Valère Maxime, historien latin du Ier siècle[1], en est un exemple éloquent :

> Le général Amilcar Brusca, originaire de Carthage, investissait Syracuse (Sicile, Italie) de ses navires. Il entendit en rêve une femme lui annoncer qu'il souperait en ville le lendemain. Enhardi par ce rêve bien court, dès l'aube, il commanda l'assaut, mais les événements lui furent contraires. C'est en tant que captif des Romains qu'il goûta à la cuisine italienne.

Dans cet exemple, le rêveur a malheureusement présumé de sa victoire prochaine.

Un autre piège guettant le rêveur est d'interpréter abusivement une scène du rêve. Certains rêves prémonitoires peuvent sembler, au premier coup d'œil, évidents à comprendre ou à interpréter, mais ici encore la prudence est de bon aloi.

> Ainsi, une femme rêve d'un accident où un promeneur est fauché par une automobile. Elle voit le corps du blessé étendu sur la chaussée, il lui manque une partie d'une jambe.
> Au réveil, elle conclut qu'une des jambes est sectionnée. Or, l'accident a bel et bien lieu, ce qui confirme l'information prémonitoire, mais il s'avère que le blessé étendu sur le sol avait une jambe repliée sous lui.

---

1. Tiré de Pascale MABY, *Le Dossier des prophètes, voyants et astrologues*, Ottawa, Éditions La Presse, 1975, p. 105.

Une telle méprise peut avoir un impact considérable sur le rêveur ou toute personne concernée par ce rêve.

Certains rêves semblent vouloir livrer un message, mais ils se révèlent incomplets ou trop vagues. Telle fut la situation de Mariette Bélanger, agente d'intégration socio-professionnelle de quarante-quatre ans. Une nuit, elle vécut un rêve très court. Même s'il était également peu précis, elle le perçut comme l'avertissement d'un événement à venir :

> Je rêve que je caresse la joue de mon frère Larry pour le consoler et je pleure abondamment. Au réveil, j'ai immédiatement pensé que ce rêve concernait la grossesse de l'épouse de mon frère, vu que je le consolais. Deux jours plus tard, Larry a eu un accident de voiture, duquel il est ressorti relativement indemne.

Devant un rêve aussi imprécis, il est normal que la rêveuse ait envisagé la situation qui lui semblait la plus plausible. Si Mariette avait alerté sa belle-sœur avec ce rêve en lui exprimant ses inquiétudes au sujet de sa grossesse, cela aurait certainement généré un profond malaise et même de l'appréhension. Mais elle a agi avec discernement en attendant de voir la suite des événements, consciente que son rêve était trop vague et ne donnait aucun indice sur ce qui pouvait affliger son frère.

Par ailleurs, un rêve prémonitoire peut comporter une grande quantité de détails, mais être malheureusement incomplet et omettre les informations essentielles qui permettraient d'entreprendre une action concrète. Quelle impasse pour le rêveur si le rêve concerne un événement dramatique ! Il peut alors éprouver une angoisse très profonde, de la frustration et un vif sentiment d'impuissance, surtout si dans le passé plusieurs de ses rêves se sont réalisés.

Dans un tel cas, différentes possibilités s'offrent au rêveur sous forme soit de postulats, soit d'affirmations ou encore de prières. Le rêveur peut adresser à son guide intérieur, à une instance spirituelle de son choix ou encore à son inconscient, l'une ou l'autre des demandes suivantes :

- Recevoir dans un prochain rêve d'autres précisions sur l'événement futur en focalisant sur l'information désirée (date, lieu, personne impliquée, etc.).

- Comprendre davantage la nature de l'avertissement ou du message. Prière : *Je demande à mon guide intérieur de m'éclairer sur ce rêve et ce que je dois en comprendre.*

- Recevoir des rêves d'avertissement seulement si les détails nécessaires pour passer à l'action sont dévoilés. Affirmation : *Je ne reçois que les rêves du futur qui me permettront d'agir.*

- Recevoir des rêves d'avertissement pour des événements heureux seulement. Affirmation : *Mes rêves me dévoilent uniquement le positif qui m'attend dans la vie.*

Cette dernière demande est pleinement justifiable si l'on ne se sent pas apte à bien utiliser l'information d'un rêve relatif à des événements difficiles. Elle implique une fermeture, mais il est certainement valable de s'autoriser ce choix, en particulier si l'on traverse une période de vulnérabilité. En effet, des rêves pénibles concernant le futur seraient alors plus difficiles à gérer. Le choix peut être temporaire ou à plus long terme.

Par ailleurs, en se privant d'informations relatives au futur à propos de situations éprouvantes, on se coupe également des bénéfices potentiels de cette connaissance anticipée. Le rêveur doit se positionner face à cette question et respecter ses propres limites.

À juste titre, David Ryback évoque dans son ouvrage une prière bien connue illustrant à merveille l'attitude intérieure à développer devant tous les rêves prémonitoires potentiels. La voici, traduite sous forme de maxime : *avoir la sérénité d'accepter les choses qui ne peuvent être changées, le courage de changer celles qui peuvent l'être et la sagesse d'en faire la différence.*

Comprendre après coup... Surmonter la culpabilité

J'ai eu connaissance récemment du cas douloureux d'une femme dont le fils s'est suicidé il y a neuf ans et qui ne parvient pas à surmonter son deuil. À trois reprises, cette mère avait eu des bribes de rêves angoissants, ainsi que quelques éléments de clairvoyance échelonnés sur une dizaine d'années. Ce n'est qu'après le drame qu'elle fit des liens entre ces flashs, les rêves épars et le décès de son fils. Depuis, elle ressasse ces faits dans sa tête et se blâme de ne pas avoir agi pour contrer cet événement douloureux.

Il est fréquent que le premier sentiment qui émerge à la suite du décès d'un être cher soit la culpabilité, que celle-ci soit justifiée ou non. Cette culpabilité est normale. Elle peut être amplifiée et graviter parfois autour d'événements très peu significatifs, objectivement, mais l'endeuillé va vivre cette culpabilité comme une morsure au cœur, et celle-ci ne se résorbera en principe qu'avec la résolution du deuil. S'il s'agit de suicide, cette culpabilité est d'autant plus virulente chez les proches. Dans le cas de la rêveuse, un autre facteur est venu s'ajouter à la situation, du fait des rêves et flashs prémonitoires. Sa culpabilité s'est donc cristallisée autour de ces phénomènes.

À la lumière du récit de cette rêveuse, il ressort que les rêves en question et les flashs reçus dans sa vie éveillée comportaient effectivement des indices relatifs au futur. Toutefois, ils étaient très imprécis, et rien ne permettait même de les lier entre eux ; ils présentaient tout au plus un contexte général et faisaient état de lieux. Il est clair que, sur la seule base de ces perceptions prémonitoires, cette mère ne pouvait décoder qu'il était question de suicide, et encore moins de celui de son fils. En plus d'être imprécises, ces informations prémonitoires étaient étalées sur plusieurs années. Par conséquent, même avec la meilleure intention du monde et tout son amour pour son fils, cette femme n'était pas en mesure d'intervenir de quelque façon que ce soit pour empêcher l'événement de se produire.

À nouveau, il est important de se rappeler que dans de très nombreux cas, pour toutes sortes de raisons souvent complexes, les informations prémonitoires ne permettent pas d'agir. À quoi sert-il alors d'avoir des perceptions prémonitoires, si on ne peut agir ? C'est une question à laquelle il est difficile de répondre. Ces perceptions n'ont pas forcément un but ; elles sont l'expression des potentialités de notre esprit. Elles contribuent néanmoins à nous préparer intérieurement à vivre un événement dramatique et nous permettent de mieux nous connaître.

Par ailleurs, il est important de se rappeler que les prémonitions et rêves prémonitoires font état de probabilités de réalisation. Ils ne révèlent pas des certitudes absolues. Chacun dispose le mieux possible de son libre arbitre. Dans le cas présent, la rêveuse n'est pas responsable de n'avoir eu que des perceptions partielles de l'événement à venir, elle n'est pas responsable du geste final de son fils.

Depuis le décès de celui-ci, la rêveuse a fermé la porte à ses intuitions, que la teneur en soit positive ou négative. Dans un tel contexte, plutôt que de vivre l'impuissance face aux événements sur lesquels elle n'a pu agir, je l'encourage plutôt à exercer son libre arbitre et à choisir d'apprivoiser peu à peu son sixième sens qui se manifeste dans sa vie, autant de jour que de nuit. Qui sait si un jour elle ne sera pas à même d'apporter une aide à quelqu'un d'autre par ses intuitions et ses rêves prémonitoires? Ce qui est certain, c'est que la peur et la culpabilité doivent être bannies. Elles ne sont d'aucun secours et ne le seront jamais. Elles n'ont jamais permis à quiconque de s'épanouir et d'aller de l'avant.

SI LES RÊVES PRÉMONITOIRES DRAMATIQUES SONT FRÉQUENTS

La réalité des rêves prémonitoires peut s'avérer pénible et anxiogène si ce phénomène se manifeste fortement et fréquemment ou encore si la prémonition concerne surtout des événements pénibles ou dramatiques.

Il n'est pas rare que le rêveur dont les rêves se concrétisent fréquemment éprouve un sentiment diffus de culpabilité, comme si le fait d'avoir rêvé à un événement précis avait provoqué sa réalisation. Il peut également se sentir plus ou moins impuissant, frustré et en colère face à un destin sur lequel il n'a, semble-t-il, que peu d'emprise. Le rêveur peut, par ailleurs, éprouver un vif sentiment de responsabilité, comme si le fait d'avoir pressenti les événements à venir lui donnait la responsabilité d'en trouver la solution.

Dans un tel contexte, avoir une personne de confiance avec qui partager le contenu de ses rêves prémonitoires est assurément un facteur d'équilibre pour le rêveur. Cette personne devrait idéalement accueillir le rêveur sans jugement et sans l'accabler de conseils sur ce qu'il devrait faire à la suite de son rêve. Naturellement, la capacité du sujet de communiquer son vécu, d'exprimer son senti est également très importante dans l'équilibre global du rêveur parapsychique. Il est important de rompre l'isolement.

Un autre élément susceptible d'aider le rêveur à bien gérer ces phénomènes psychiques est de disposer d'un minimum d'informations valables sur les rêves prémonitoires. Cette connaissance l'aidera à apprivoiser le phénomène et à voir plus clairement de quoi il retourne. Cette compréhension intellectuelle n'est pas suffisante en elle-même, mais elle peut aider le rêveur à prendre conscience des bénéfices possibles et surtout à y réagir adéquatement.

Par ailleurs, si le rêveur entreprend une démarche au sujet de ses rêves, il sera certainement mieux outillé pour faire face à son vécu. Il pourra plus facilement gérer la situation et adopter une attitude positive lorsque se présenteront des rêves dont la portée est dramatique ou lorsque les événements viendront confirmer son rêve.

Si, malgré tout, la survenue fréquente de rêves prémonitoires dramatiques génère trop d'angoisse ou de stress, il peut être indiqué de se faire aider. Je suggère au rêveur de consulter un spécialiste des phénomènes psychiques, un parapsychologue ou encore un spécialiste de la psychologie transpersonnelle, dont les approches non axées sur les prémisses de la psychologie conventionnelle seront mieux adaptées à ses besoins spécifiques.

Denise Roussel, dont nous avons sommairement évoqué le cheminement par rapport à la parapsychologie, avait développé une expertise afin de venir en aide aux personnes vivant des phénomènes parapsychiques et qui en étaient perturbés. Elle souligne de façon très à propos : «J'ai appris à travailler avec les personnes qui ont des problèmes à cause de leur sensibilité psychique. Ce sont des problèmes psychiques et non psychologiques[1].»

---

1. Dans Marie-France CLÉROUX et Ghislain TREMBLAY, *Le Futur vécu*, Boucherville, Éditions de Mortagne, 1979, p. 207.

CHAPITRE 7

Petit guide pratique
des rêves prémonitoires

L es principaux aspects théoriques relatifs aux rêves
prémonitoires étant en place, il est maintenant temps
de nous retrousser les manches. Le présent chapitre propose les bases d'une méthode pour travailler efficacement
avec les rêves et en particulier ceux qui sont liés au futur.
Cette approche nécessite un peu de discipline et de persévérance, mais les fruits ne peuvent manquer de se manifester. Comme le stipule Ryback : « Reconnaître le parti
que l'on peut tirer d'un rêve parapsychique et l'exploiter
est un talent qui s'apprend[1]. »

LA TENUE D'UN JOURNAL DE RÊVES

Consigner quotidiennement ses rêves par écrit ou, du
moins, le plus régulièrement possible est une démarche

---

1. David RYBACK et Letitia SWEITZER, *Les Rêves prémonitoires,
comment les interpréter*, Paris, Éditions Sand, 1990, p. 84.

incontournable. Mentionnons à nouveau que, même si certains rêves prédictifs sont plus faciles à mémoriser à cause de leur forte charge émotionnelle, nombre d'entre eux, de portée moins spectaculaire, vont s'effacer rapidement de la mémoire s'ils ne sont pas notés.

Consigner nos rêves est une discipline qui nous permet de nous familiariser avec les symboles de notre univers onirique. La manière de tenir un journal de rêves est simple. Je me suis inspirée de la méthode mise de l'avant par Nicole Gratton[1], à laquelle j'ai apporté quelques ajouts :

- *La date* (jour, mois, année) : précisez également le jour de la semaine. Cette information peut donner lieu à des observations intéressantes. Peut-être constaterez-vous que certains types de rêves se manifestent surtout la fin de semaine, ou encore certains jours particuliers de la semaine.

- *Deux événements et préoccupations majeures de la journée :* les rêves sont influencés par les événements de la journée. De plus, ils traitent en priorité de ce qui nous préoccupe le plus. Par conséquent, en plus de noter deux événements de la journée, nous conseillons vivement d'inscrire les sujets principaux qui ont le plus mobilisé vos pensées cette journée-là.

- *Postulat :* il s'agit d'une demande à formuler, d'une question dont vous aimeriez avoir la réponse en rêve. Ce sujet est abordé plus en détail dans les pages qui suivent.

---

1. Sa méthode «du rêveur actif» est bien décrite dans *Mon journal de rêves*, publié à Montréal, aux Éditions de l'Homme, 1999.

- *Narration du rêve :* cette narration est faite au présent, de manière à favoriser le contact avec les émotions soulevées par le rêve.

- *Titre et numéro du rêve :* donner un titre au rêve est important, soit pour en cerner l'aspect global ou pour cibler un élément particulièrement révélateur du rêve. *Pour faciliter le repérage des rêves, nous suggérons de numéroter chacun d'eux, même les rêves très courts et les «flashs».*

- *Sentiment(s) éprouvé(s) à la dernière scène du rêve :* élément essentiel permettant de préciser la direction positive ou négative du rêve. Un seul mot est suffisant. Exemples de sentiments positifs : satisfaction, bien-être, joie, bonheur, enthousiasme, fierté, etc. Sentiments négatifs : frustration, déception, colère, peur, angoisse, etc.

  Comme le souligne Nicole Gratton : «En général, un sentiment négatif à la fin d'un rêve dénote que quelque chose ne va pas et qu'il faut y remédier. Au contraire, un sentiment positif révèle un déroulement harmonieux, une guérison ou un bon présage[1].»

- *Vos premières impressions :* vous inscrivez ce que vous comprenez spontanément de votre rêve, vos toutes premières impressions. En l'absence de souvenirs de rêves, il est quand même important de noter un bref commentaire dans votre journal, ne serait-ce que vos premières impressions au réveil,

---

1. Dans Nicole GRATTON, *L'Art de rêver,* Montréal, Flammarion Québec, 2003, p. 132.

comment vous vous sentez. Ces impressions font suite aux rêves que vous avez eus, elles sont donc éclairantes en elles-mêmes.

- *Une action conséquente :* votre rêve vous inspire-t-il de poser un geste ou d'entreprendre une action concrète ? Cette action peut être très simple, elle permet d'honorer le rêve.

- *Perspectives futures :* quel pourrait être l'avertissement ou l'information de ce rêve ? Qu'est-ce que ce rêve pourrait augurer pour le futur ? Allez-y de vos hypothèses et de vos pronostics. À la suite de ceux-ci, laissez un espace blanc permettant d'ajouter d'éventuels commentaires ou impressions qui émergeront au moment de la relecture de vos rêves.

- *Récit de l'événement confirmant un rêve :* lorsqu'un rêve se trouve confirmé dans la réalité, il est important de noter le récit de l'événement tel qu'il s'est déroulé. Cette narration peut se faire dans l'espace blanc ou encore en « annexe » à la fin du journal de rêves, avec mention de la date du rêve prémonitoire.

La tenue régulière d'un journal de rêves permet donc de prendre conscience que nous faisons fréquemment des rêves prémonitoires. Bon nombre d'entre eux concernent des événements relativement mineurs du quotidien. Bien que de moindre envergure, ceux-ci demeurent extrêmement précieux et éclairants dans notre vécu de chaque jour. La vie n'est-elle pas faite d'une infinité de détails ?

Apprivoiser le rêve

Chaque rêveur a le potentiel de comprendre, ne serait-ce qu'au minimum, le message de ses rêves. L'habileté se développe avec la pratique. Apprivoiser le langage du rêve est comme apprendre une langue étrangère. Avec un minimum de vocabulaire, il est possible de faire des phrases simples.

La première étape de travail avec ses rêves est souvent une phase d'observation. Quels sont les symboles qui se retrouvent le plus souvent dans vos rêves? Quels sont les lieux les plus fréquents dans lesquels vous vous trouvez? Vos rêves sont-ils longs et encombrés, ou plutôt courts et synthétiques? Quelle est l'ambiance générale de vos rêves? Sont-ils plutôt heureux ou au contraire stressants?

Si votre intérêt pour les rêves se confirme, différentes méthodes d'analyse existent pour cerner plus précisément et avec plus de profondeur le message de vos rêves. Ces méthodes apportent des éclairages différents par rapport au même rêve. Elles sont toutes valables.

Il n'est pas dans le propos de ce livre d'élaborer sur la démarche d'analyse et d'interprétation du rêve en tant que miroir de notre vie intérieure. Le lecteur a intérêt à consulter les ouvrages appropriés sur ce sujet.

DE QUOI TRAITE VOTRE RÊVE?

Pour appliquer la méthode, décrite un peu plus loin, permettant notamment de repérer les rêves prémonitoires, il est essentiel de déterminer de quoi traite chacun de nos rêves. Les principaux thèmes abordés par les rêves peuvent sommairement se répartir comme suit: les amours ou la vie de couple, la famille, la santé, le travail, les relations sociales, les finances, les loisirs et, enfin, le cheminement personnel et spirituel. Par conséquent, il est toujours à propos de se demander d'abord si notre rêve traite de notre vie familiale, de notre carrière, de nos préoccupations financières, etc.

Le sujet abordé par le rêve est parfois très évident. En effet, même sans comprendre tous les symboles et métaphores que le rêve contient, le sens de celui-ci peut nous paraître assez clair. Toutefois, dans d'autres cas, le rêve peut aborder un domaine de notre vie, par exemple le travail, à l'aide d'images et de métaphores qui semblent parfois éloignées du sujet réel. C'est donc notre premier défi: découvrir de quoi traite le rêve.

Par exemple, un rêve se déroulant au bord de la mer peut représenter une perspective de vacances, mais sur le plan symbolique, ce rêve peut très bien concerner vos relations familiales. Il faut donc être vigilant quant à la définition du thème de ce rêve et par ailleurs être capable de voir la double orientation des métaphores du rêve.

Si vous êtes incertain du sujet précis de votre rêve, révisez les événements du jour et surtout vos sujets principaux de préoccupations. Il y a de fortes probabilités que votre rêve concerne ce(s) sujet(s). Vérifiez également votre postulat. Votre rêve peut être lié à celui-ci.

Lorsque nous sommes en mesure de définir le thème abordé par nos rêves, nous sommes prêts à utiliser la grille de compilation des rêves. Cet outil merveilleux vous permettra d'avoir une vue d'ensemble de vos rêves et de leurs champs de force.

LA GRILLE DE COMPILATION DES RÊVES

La grille de compilation des rêves, que vous trouverez en format réduit à la page 172, est un outil que j'ai conçu pour compiler et classer quotidiennement tous les rêves, selon les domaines qu'ils concernent, pendant une période d'un mois.

Ce modèle est disponible pour impression (format 21,60 x 27,95 cm ou 8,5 x 11 po) sur les sites Web suivants: www.carole-fortin.com et www.nicole-gratton.com (section «animateurs», page de Carole Fortin).

Tableau 4

Modèle de la grille mensuelle de compilation des rêves

Mois : _____   Année : _____

Rêves nº : _____ à _____

Total des rêves : _____

DOMAINES	1	2	3	4	5	6	7	8	9	10	11	12	13	14	15	16	17	18	19	20	21	22	23	24	25	26	27	28	29	30	31	nº
Aucun rêve																																

Description et utilisation de la grille

Que le lecteur soit rassuré, les informations suivantes sont plus longues à expliquer qu'à utiliser. Abordons-les maintenant.

Dans le haut de la formule, à gauche, figurent les espaces pour inscrire le mois et l'année. À droite, vous inscrivez les numéros des rêves qui auront été consignés et le nombre total de rêves pour le mois. Les chiffres au bas de la grille indiquent la date du jour.

À titre d'exemple, vous trouvearez une grille remplie à la page 174 et une description détaillée à la page 175.

Tableau 5

Exemple de la grille mensuelle remplie

Mois : __Janvier__   Année : __2005__

Rêves n° : __1__ à __28__
Total des rêves : __28__

DOMAINES	1	2	3	4	5	6	7	8	9	10	11	12	13	14	15	16	17	18	19	20	21	22	23	24	25	26	27	28	29	30	31	n°
Amour								6		9/10														20								4
Famille		1														14			16													3
Santé									7											17		18										2
Social																											24					2
Travail					4		5							12									19							26		7
Finances					4				8				11					15							21						27/28	6
Loisirs																																-
Spirituel															13											23						1
R. prémonitoire																																-
R. télépathique			2																									25				2
R. lucide				3																					22							2
Aucun rêve																																6

La colonne intitulée «DOMAINES» comprend 15 lignes pour inscrire les différents domaines ou thèmes abordés par vos rêves. Je propose les termes suivants, appropriés pour la majorité des gens:

- AMOUR: les relations sentimentales, le couple, la sexualité.

- FAMILLE: les enfants et tous les liens familiaux (parents, fratrie, etc.).

- SANTÉ: le corps physique, l'alimentation, l'exercice.

- SOCIAL: les relations amicales, sociales.

- TRAVAIL: les activités rémunérées.

- FINANCES: tous les aspects reliés à l'argent, revenus, dépenses, acquisitions, etc.

- LOISIRS: peuvent inclure les voyages, les apprentissages, les moyens de ressourcement; la créativité et les projets pourraient figurer ici, au choix.

- SPIRITUEL: la spiritualité, le cheminement intérieur.

- RÊVES PRÉMONITOIRES: les rêves qui se sont concrétisés, en partie ou en totalité.

Dans le modèle de grille proposé au Tableau 4, à la page 172, les espaces de la colonne DOMAINES sont libres, afin de permettre au rêveur d'adopter sa propre terminologie, selon ses besoins et ses préférences.

Chaque jour, il s'agit d'entrer le numéro de votre rêve à la date de ce jour et sur la ligne du domaine concerné par votre rêve. Par exemple, si votre rêve concerne votre travail, sur la ligne «Travail», vis-à-vis de la date du jour, vous inscrivez, dans la case, le numéro du rêve correspondant. Voyons différentes situations:

- *Si vous mémorisez plus d'un rêve durant la nuit*, vous inscrivez le numéro de chacun d'eux sur la ligne des domaines concernés, à la date en question. Tous les rêves, sans exception, doivent figurer dans la grille.

- *Une nuit, si deux rêves concernent le même domaine,* vous inscrivez les numéros de ces deux rêves, *dans la même case*, à la date en question.

- *Si un rêve concerne deux domaines différents*, par exemple votre couple et votre santé, vous inscrivez ce rêve aux deux endroits concernés, vis-à-vis de la bonne date, de manière à ce que ce rêve soit relu éventuellement sous deux angles différents.

- *Si vous ne savez pas trop à quel secteur de vie votre rêve se relie*, allez-y selon votre jugement, inscrivez-le dans le domaine qui vous semble le plus plausible. Si vous hésitez entre deux possibilités, inscrivez ce rêve aux deux endroits. Au moment de votre relecture, vous lirez ce rêve à plus d'une reprise et vous parviendrez alors possiblement à trouver sa vraie niche.

Sur la dernière ligne de la colonne DOMAINES, figurent les mots «Aucun rêve». Les nuits où vous ne mémorisez aucun rêve, noircissez la case de la dernière ligne, juste au-dessus de la date.

À la fin du mois, complétez la ligne «Rêves n°» et inscrivez en dessous le total de rêves pour le mois. Par exemple : Rêves nº 26 à 53 (inclusivement). Total des rêves : 28.

La dernière colonne à droite, Nb., permet de voir à quelle fréquence certains thèmes apparaissent dans vos rêves durant le mois. Cette information vous permet d'avoir une vue d'ensemble, au premier coup d'œil, de la répartition globale de vos rêves et de repérer rapidement les thèmes dominants du mois.

Le rêveur désirant connaître le nombre précis de rêves faits durant le mois, à des fins de statistiques personnelles, pourra vérifier les numéros des rêves inscrits pour le mois. Par exemple, si au cours du mois vous avez noté les rêves 20 à 50 inclusivement, cela vous fait un total de 31 rêves. C'est clair et net, même si vous avez inscrit certains rêves dans plus d'une case.

Autres utilisations de la grille de compilation

La grille de compilation mensuelle est un outil aux multiples possibilités. Personnellement, nous l'utilisons pour les neuf thèmes mentionnés plus haut, de même que pour la compilation des rêves télépathiques et des rêves lucides[1], qui nous intéressent vivement.

À titre d'exemple, cette grille peut être utilisée afin de répertorier les cauchemars, les rêves d'indices de vies antérieures, ceux où figurent des personnes décédées, les rêves d'animaux (recherche d'animal – totem ou autres), etc.

Pour découvrir vos rêves sous différentes facettes, cette grille est un complément au journal de rêves. Il

---

1. Rêves au cours desquels on est conscient de rêver.

appartient à chaque rêveur de la personnaliser et de l'adapter à ses besoins.

LA RELECTURE

Tenir un journal de rêves est la première étape pour amorcer un travail avec ses rêves. Toutefois, sans la relecture des rêves consignés, cette démarche serait d'un bénéfice limité. Si une première compréhension du rêve surgit au moment de sa rédaction, la relecture des rêves, pour une période donnée, permet d'atteindre un autre degré d'approfondissement.

En effet, la relecture se fait dans un contexte de plus grande objectivité, du fait qu'on a pris un certain recul. La plupart du temps, on a complètement oublié les rêves inscrits, du moins pour la majorité d'entre eux, ce qui permet de les percevoir tout autrement, de façon plus détachée. Des éléments passés inaperçus lors de la rédaction nous sautent alors aux yeux. D'autres éléments qui nous semblaient incompréhensibles s'éclairent tout à coup. On est à même d'observer la fréquence de certains symboles, la répétition de scénarios de rêves particuliers et de suivre une certaine ligne directrice dans nos rêves.

Comme le dit si justement Geneviève Salvatge : « Les rêves ne s'étudient pas isolément. Ils constituent une trame s'inscrivant elle-même dans une sorte de grande structure développée sur l'année, en se déroulant sur notre temps terrestre[1]. »

La relecture permet également de repérer l'information prémonitoire contenue dans nos rêves et d'en cons-

---

1. Geneviève SALVATGE, *Décodez vos rêves,* Paris, Éditions Presses Pocket, 1992, p. 49.

tater la fréquence. Cette information prédictive peut être révélée au cours d'un rêve unique, mais elle peut également être morcelée en différents petits indices, dispersée dans plusieurs rêves, sur une période donnée. C'est pourquoi il est important, idéalement, de noter tous vos rêves et de les relire de façon régulière.

Pour favoriser le repérage d'éléments prémonitoires dans l'ensemble de nos rêves, la méthode proposée dans cet ouvrage repose sur deux types de relecture.

- D'abord une *lecture chronologique des rêves*, pour une période donnée. Cette lecture permet de voir les rêves dans leur globalité, dans un continuum, comme étant les différents épisodes d'une seule histoire.

- Deuxièmement, une *lecture par thème de rêves*. Nos rêves touchent tous les domaines de notre vie, sur les plans sentimental, familial, professionnel, financier, etc. Ils abordent un thème ou l'autre, selon les priorités du moment ou, encore, ils traitent de plus d'un sujet au cours du même rêve. Pour cerner avec plus de clarté la perspective présente et future des rêves, il est important de lire tous les rêves relatifs au même thème ou au même sujet, pour une période donnée.

Il est naturellement indiqué de lire également les hypothèses et perspectives futures inscrites pour chacun de ces rêves et d'ajouter, au besoin, tout nouveau commentaire suscité par cette relecture.

La lecture des rêves par thème permet de constater qu'ils s'éclairent les uns les autres. Le continuum qui les relie est plus facile à percevoir. Certains rêves apparaîtront dominants par rapport aux autres. Cette lecture vous donnera une vision et un éclairage insoupçonnés sur le message qu'ils véhiculent.

La lecture de tous les rêves d'un seul domaine à la fois permet de dégager une direction générale dans chaque aspect de notre vie. Elle permet également de relier des rêves épars. Cette démarche est toujours très éclairante quant au caractère prévisionnel des rêves.

Nous suggérons une relecture (chronologique et par thème) une fois par mois et une relecture de la totalité des rêves, une fois par année. La relecture annuelle devra également se faire par domaine. La comparaison des différentes grilles mensuelles sera d'autant plus éclairante. À la suite d'une relecture mensuelle ou annuelle, il peut être intéressant de rédiger quelques commentaires en guise de bilan au verso de la feuille de compilation.

Tableau 6

TRAVAIL SUR LES RÊVES EN TROIS TEMPS

1. Démarche quotidienne
rédaction des rêves dans le journal de rêves
notation des rêves dans la grille de compilation
2. Démarche mensuelle
relecture chronologique de tous les rêves du mois
relecture par thème des rêves du mois
ajout de nouveaux commentaires ou impressions
3. Démarche annuelle
relecture chronologique de tous les rêves de l'année
relecture par thème des rêves de l'année
ajout de nouveaux commentaires ou impressions

LE FACTEUR TEMPS DANS LES RÊVES

Quand on aborde le rêve dans une perspective prévisionnelle, on est fréquemment concerné par le facteur temps, c'est-à-dire la date possible de concrétisation des événements. Cette question de la datation est très complexe. Il est rare que le rêve en donne des indications très précises, celui-ci se déroulant dans un espace-temps différent de celui, bien linéaire, régissant notre vie.

Toutefois, à défaut d'une précision rigoureuse, nous pouvons tenter de repérer dans nos rêves les indices suggérant une notion de temps, par exemple les suivants :

• *Les éléments de la nature ou reliés aux saisons*

Le décor du rêve peut suggérer la saison concernée. Si vous faites en septembre un rêve comportant de la neige, votre rêve pourrait, dans une perspective prévisionnelle, concerner un événement qui se produira au cours de l'hiver. Il est donc souhaitable d'être attentif à ce type d'indices (période de chasse, de pêche, de récolte, le temps des sucres, présence de fleurs, les feuilles dans les arbres, le temps des pommes, etc.) pour évaluer approximativement le moment où une situation peut survenir.

• *Les fêtes religieuses et profanes*

Les rêves évoquant Noël, Pâques, la Saint-Valentin, la fête des Mères, la fête des Pères, la Saint-Patrick, en fait toute fête religieuse ou profane, sont des indicateurs de dates ou de périodes d'événements, surtout si le rêve est vécu à un tout autre moment.

• *Les objets*

Certains objets (patins, pelles), vêtements (bottes, manteaux) ou lieux (chalet, église) vus en rêve peuvent constituer également des références de temps valables.

• *Les nombres*

Outre leur valeur symbolique, les chiffres peuvent être très intéressants dans une perspective future. Ils peuvent indiquer un âge ou encore la date d'événements éventuels.

Le sujet du temps en ce qui concerne les rêves prévisionnels a été abordé pour suggérer au lecteur d'autres avenues ou d'autres pistes de travail avec les rêves. Celles-ci sont infinies. Le lecteur intéressé à analyser davantage ce problème de la datation des prévisions est invité à consulter le livre de Geneviève Segers-Salvatge, *Le guide du rêveur.*

À moins que le rêve n'exprime en clair une date précise, il est généralement plus important de comprendre les rêves dans une perspective future globale et de prendre conscience des grands champs de force à l'œuvre dans nos vies, que de vouloir à tout prix cerner une date précise.

Abordons maintenant d'autres aspects reliés au travail avec les rêves.

POSTULATS ET INCUBATION
DE RÊVES PRÉMONITOIRES

Les personnes familiarisées avec le travail de leurs rêves sont conscientes de l'immense intérêt d'émettre un postulat de rêve au coucher. Cette approche est décrite en détail dans plusieurs livres[1].

Le postulat est une phrase courte et affirmative énoncée au coucher (et que l'on inscrit préférablement) donnant une orientation, un objectif à l'esprit. Le postulat véhicule une intention, une motivation à recevoir en rêve une réponse à une question, à une demande, etc. Il est un incitatif pour l'esprit à travailler dans une direction précise ou sur un thème particulier.

Travailler avec des postulats au coucher permet au rêveur de découvrir peu à peu sa capacité à induire des rêves. Concentrer son attention sur le rêve souhaité est ce qu'on appelle l'incubation ou l'induction de rêve. Les demandes que nous pouvons adresser à notre inconscient par nos rêves sont innombrables. Ces demandes doivent procéder d'un désir sincère, être d'intention noble et répondre à un besoin prioritaire. Évidemment, cette approche demande une certaine persévérance, afin que se développe cette collaboration harmonieuse entre le conscient et l'inconscient.

Formuler mentalement un postulat avant d'aller au lit est très valable, mais il est préférable de l'écrire. En effet, cela permet de vérifier la clarté de notre intention. Parfois, notre postulat peut nous sembler clair, mais lorsqu'on s'astreint à l'écrire, on se rend alors compte de son imprécision et même de sa confusion. Trouver les mots justes est un exercice qui aiguillonne l'esprit de façon très efficace et permet de cibler notre intention avec exactitude.

---

1. À ce sujet, voir la bibliographie : *L'Art de rêver* et *Les Rêves, messagers de la nuit* de Nicole Gratton ou encore *La Créativité onirique* de Patricia Garfield.

Tout comme pour le rêve, un postulat non inscrit est très vite oublié. Pour que vous puissiez établir le lien entre le rêve et le postulat et vous y référer dans le futur, ceux-ci doivent figurer en toutes lettres dans votre journal de rêves.

Si une question à propos du futur vous préoccupe vraiment, vous pouvez induire en quelque sorte un rêve prémonitoire à l'aide d'un postulat. Par exemple:

Cette nuit, je...
... vois en rêve la maison qui répondra à mes besoins.
... visualise comment sera ma santé à la retraite.
... perçois le futur de mon enfant.
... vois dans quel domaine je ferai carrière.
... visualise mon futur associé.
... connais l'issue de cette maladie, etc.

Certaines réponses émergent en rêve avec cette clarté merveilleuse qui nous laisse pantois. Ainsi, cette expérience rapportée par Danielle L'Heureux, naturopathe et thérapeute en approche globale:

Il y a un an environ, je préparais avec d'autres thérapeutes un atelier et nous cherchions un endroit pouvant accueillir entre 25 et 30 personnes. Nous n'avions encore rien trouvé. J'ai alors demandé à mes rêves de m'indiquer l'endroit où se tiendrait l'atelier. J'ai donné les critères que je cherchais: un espace tranquille, près de la nature, facile d'accès et à un coût abordable. La nuit suivante, je fais ce rêve: Je me vois donner un atelier dans un deuxième étage. Par les fenêtres, je vois la cime des arbres. Il y a beaucoup de verdure alentour. J'entends également le bruit de l'eau.

Le lendemain, j'ai donc poursuivi ma recherche sur Internet. Je ne me souviens plus comment, je me suis retrouvée sur le site des parcs de la ville de Montréal. J'ai vérifié tous les parcs où il y avait des locaux à louer, à proximité de l'eau. Il y en avait trois. Dans les deux premiers, les salles n'étaient pas disponibles à la date choisie. Le troisième emplacement était au cœur du parc de l'Île-de-la-Visitation. Il s'agissait d'un local situé au deuxième étage de la Maison du Meunier. Cette salle pouvait accueillir une quarantaine de personnes, et son coût de location coïncidait parfaitement avec mes attentes. Tous les éléments du rêve tombaient en place. J'ai pris rendez-vous immédiatement. En visitant la salle le lendemain, j'ai constaté que c'était exactement celle que j'avais vue en rêve. Je pouvais voir par les fenêtres la cime des arbres et j'entendais le bruit de l'eau.

Une telle réponse à un postulat est une vraie bénédiction !

Travailler avec le postulat, à la suite d'un rêve prémonitoire potentiel

Un grand pourcentage de rêves prémonitoires se concrétisent dans les quelques jours qui suivent. Le rêveur a tout juste le temps de réagir. Toutefois, d'autres rêves prémonitoires prennent plus de temps à se réaliser. Pour ces derniers, les postulats sont de bons outils pouvant être utilisés de différentes manières :

Pour comprendre mieux un rêve prédictif :

Cette nuit, je...
... reçois des précisions concernant ce rêve.
... vois plus clairement l'événement à venir.
... reçois d'autres précisions sur ce qui m'attend.

Pour obtenir une confirmation :

Cette nuit, je reçois un rêve confirmant celui de la nuit dernière.

Pour comprendre le message d'un rêve prémonitoire potentiel dont le scénario est symbolique :

Cette nuit, je...
... comprends pourquoi il m'est donné de connaître à l'avance cet événement futur.
... comprends le message de ce rêve.

Pour savoir quelle action poser :

Cette nuit, je ...
... vois s'il est souhaitable d'entreprendre une action.
... vérifie si je dois agir à la suite de ce rêve.
... vérifie quelles actions je dois entreprendre.

Le plus tôt possible après le réveil, il faut noter vos rêves, peu importe s'ils semblent répondre ou non au postulat. Le rêve peut y répondre dans une forme inattendue ou déroutante et le message peut émerger seulement après un travail de décodage des symboles et métaphores du rêve. Si vos rêves semblent avoir ignoré votre postulat, il faut revenir à la charge les soirs suivants et persévérer. Le rêve répond au postulat lorsque nous sommes vraiment imprégnés de notre question.

Si aucune réponse ne vient en dépit de vos efforts assidus, il vaut mieux lâcher prise. Les réponses émergeront en leur temps. On ne peut, avec les doigts, ouvrir les pétales d'une fleur pour qu'elle s'épanouisse enfin ; elle s'ouvrira d'elle-même à son propre rythme. De même, on ne peut forcer l'inconscient à se livrer. Créer les conditions favorables à son émergence est toutefois en notre pouvoir.

La période d'endormissement...
un moment stratégique!

Le postulat étant écrit, il importe de profiter de la période d'endormissement pour bien s'en imprégner. Idéalement, nos dernières pensées conscientes devraient être liées à notre postulat. Dès que l'esprit glisse dans le sommeil, tout naturellement, il va poursuivre son travail sur ce qui était dans le conscient immédiatement avant le sommeil. Faire un postulat sur un sujet et s'endormir avec tout autre chose en tête compromet parfois la clarté de la réponse obtenue en rêve ou en retarde la venue.

Si votre postulat diffère des pensées qui habitent votre esprit avant de vous endormir, il est possible que ce postulat ne soit pas vraiment prioritaire. Il vaudrait mieux le réviser, car le rêve procède par priorités et va d'abord se concentrer sur vos préoccupations véritables.

CHOISIR ET PROGRAMMER
SES PROPRES SYMBOLES PRÉDICTIFS

Il est possible de choisir nous-mêmes les symboles que nous aimerions voir dans nos rêves pour annoncer certains événements futurs et de programmer notre inconscient en conséquence. Le but de cette démarche est de faciliter le décodage des messages relatifs au futur contenus dans les rêves. Les messages seront plus clairs s'il y a cette entente préalable entre conscient et inconscient.

La programmation se fait sous forme d'une affirmation à répéter de préférence au coucher, après avoir noté vos rêves dans votre journal ou encore lorsque l'esprit est très détendu et réceptif à toute suggestion. Voici, à titre d'exemples, différentes formulations:

- *En cas de décès prochain, qu'il y ait dans mes rêves des fleurs fanées* (ou toute autre métaphore choisie).

- *Si un problème de santé survient à mon insu, je veux en être alerté dans mes rêves par la présence d'un oiseau blessé* (ou autre métaphore choisie).

- *Si je dévie de mon chemin de vie, je veux en être alerté en rêve par la présence d'un train qui déraille.*

Si la programmation est faite de façon efficace, l'inconscient va peu à peu accepter la consigne et s'y conformer. Il se servira de ce symbole pour transmettre un avertissement précis. La motivation et la persévérance sont garantes du succès.

CHAPITRE 8

La mémoire du futur

Nous sommes nombreux à déployer tous les efforts pour maximiser notre plein potentiel et voilà que se profile un nouveau défi, celui de nous approprier cette part de nous-mêmes, encore bien inconnue, capable d'explorer le futur.

NOTRE MÉMOIRE SERAIT MULTIDIMENSIONNELLE

En fait, la physique quantique nous apprend que le temps que nous connaissons, bien linéaire, du passé vers le futur, n'est pas le seul qui prévaut dans l'Univers. Albert Einstein, père de la physique moderne, dit d'ailleurs ceci : « Les gens qui, comme nous, croient en la physique savent que la distinction entre le passé, le présent et le futur n'est qu'une illusion obstinément entretenue[1]. »

---

1. Tiré de Jean RADIN, *La Conscience invisible, le paranormal à l'épreuve de la science,* Paris, Presses du Châtelet, 2000, p. 125.

Pour Carl Gustav Jung, les rêves s'étendent sans discontinuité vers le passé mais aussi vers l'avenir. Il affirme : « Tout comme nos pensées conscientes, notre inconscient et ses rêves s'occupent de l'avenir et de ses possibilités. » Ainsi, notre mémoire aurait cette capacité de sonder également le futur et les rêves constitueraient une des voies d'accès à cette précieuse information.

Une des théories apportant un éclairage sur cette capacité de l'esprit d'accéder aux événements du futur est celle du modèle holographique défini par l'Américain Karl Pribram, neurochirurgien spécialiste du cerveau et théoricien de la physique. Selon cette théorie, toutes les pensées, tous les actes et toutes les images du monde peuvent être appréhendés dans leur globalité. Nous sommes tous porteurs d'une petite partie de ce schéma donnant accès à la Totalité. Ce modèle holographique est, en fait, très similaire à celui de l'inconscient collectif élaboré par Carl Gustav Jung, où chacun de nous est relié et peut avoir accès à la totalité de l'expérience humaine passée et future. Par nos rêves, nous accédons à cette Totalité transcendant les catégories de temps... pendant un bref instant d'éternité.

MÉMOIRE DU PASSÉ ET MÉMOIRE DU FUTUR... DES JUMELLES IDENTIQUES ?

La mémoire du passé et celle du futur seraient dotées de caractéristiques très similaires ; notamment, les deux mémoires sont sélectives, elles ne sont pas toujours fidèles et elles s'affaiblissent avec le temps.

Il est reconnu que le souvenir de toutes nos expériences passées est emmagasiné dans notre cerveau. Nous gardons dans la mémoire consciente de nombreux souvenirs d'événements ou de situations qui ont eu un impact émotionnel important sur notre vie. Ce qui est étonnant, c'est que nous nous souvenons également d'une quantité surprenante d'éléments de moindre importance. Nous ne savons pas pourquoi ces éléments demeurent dans la mémoire consciente. Par ailleurs, après un stimulus approprié, de nombreux événements peuvent remonter à la surface. D'autres souvenirs ne peuvent ressurgir que sous hypnose ou à l'aide de techniques particulières. Dans l'ensemble, ainsi fonctionne notre mémoire du passé.

Le même principe s'applique pour la mémoire du futur et les rêves prémonitoires. Ils s'avèrent très sélectifs, d'une façon similaire aux souvenirs du passé. Certains rêves prémonitoires traitent d'événements qui auront un grand impact émotionnel sur nos vies, alors que d'autres vont traiter de sujets de moindre importance. Il est possible que la mémoire du futur puisse, elle aussi, être ranimée par le stimulus approprié et dans des états tels que l'hypnose, la méditation et pendant le sommeil paradoxal.

Notre mémoire du passé est loin d'être infaillible et nous avons tous fait l'expérience des incertitudes, des imprécisions et des distorsions entourant le souvenir d'événements passés. Il en va de même pour la mémoire du futur ; des distorsions interviennent fréquemment dans les rêves traitant de ce qui va advenir.

Différentes études tendent à prouver que la prémonition fonctionne de façon très semblable à la mémoire ordinaire, c'est-à-dire que les deux s'atténuent avec le temps. C'est pourquoi une majorité de rêves prémonitoires vont se concrétiser dans les quelques jours qui suivent, généralement deux à quatre jours. Cela a été confirmé par les recherches de Jeremy Orne, physicien au Middlewood Hospital de Sheffield, en Angleterre.

Il y a toutefois des exceptions. Certaines prémonitions se réalisent dans les heures qui suivent. Par ailleurs, des témoignages relatent des prémonitions qui se sont concrétisées jusqu'à une vingtaine d'années plus tard. Les prédictions à longue échéance sont toutefois plus rares. Ainsi, onze années auparavant, John William Dunne, pionnier de l'aéronautique et ingénieur, avait vu en rêve le déraillement du *Flying Scotsman* survenu le 14 avril 1914, en Écosse[1]. Le train passa par-dessus un parapet et tomba d'une hauteur de six mètres.

Malgré ce parallèle entre mémoire du passé et mémoire du futur, l'accès à cette dernière est certainement plus complexe. Voyons un peu pourquoi.

LE VOILE DE L'OUBLI

Contrairement à la plupart des adultes, il semble que les enfants en bas âge sont encore connectés à la mémoire du futur. Selon les recherches, dès l'âge de quatre ou cinq ans, les enfants font des rêves autant prémonitoires que télépathiques, et ce, en toute simplicité. Mais à l'âge scolaire, ils prennent conscience que tout le monde ne fait pas ces types de rêves et ils s'éloignent peu à peu de cette dimension de leur être.

Le docteur Denise Roussel, psychologue, apporte un éclairage fort intéressant sur le processus vraisemblablement vécu de la prime enfance à l'âge adulte, éclairage expliquant le voile d'oubli qui obscurcit nos perceptions : « Entre zéro et cinq ans, l'évolution physique et psycholo-

---

1. Tiré de J. PIERRE et M.-C. JACQUET, *Inexpliqué, le monde de l'étrange et du mystère,* vol. 6, Québec, Éditions Grolier limitée, 1983, p. 558.

gique de l'enfant lui permet de s'intégrer au tissu socio-familial dans lequel il est né. Pendant cette période, il efface sa dimension psychique et spirituelle pure. On pourrait d'ailleurs dire que c'est l'intention fondamentale, voire biologique de l'enfance de faire que cette entité psychique et spirituelle soit complètement absorbée par le milieu et l'époque dans laquelle elle vient au monde. Mais cette absorption n'est pas complètement possible chez certains êtres qui préservent en eux des capacités psycho-spirituelles que tout le monde a pourtant au départ[1].»

Habituellement, cette notion n'est pas développée dans la littérature expliquant les étapes de l'enfance. De fait, ce ne sont pas toutes les écoles de psychologie qui tiennent compte de l'existence de la zone psychique et spirituelle de l'être humain.

Quoi qu'il en soit, en ce moment, nous sommes à un tournant de l'histoire où nous pouvons de moins en moins, en tant qu'individus et collectivement, faire abstraction de notre dimension psychique et spirituelle. Les sciences touchant la psyché humaine ont également à franchir ce cap, mais déjà de nombreux professionnels de ces disciplines sont en processus de changement des cadres conceptuels. En effet, ces disciplines sont en train de repenser leurs concepts et définitions à la lumière de la nouvelle vision de la Science, en ce qui concerne la définition de l'être humain, sa structure intérieure et sa place dans l'Univers. C'est une perspective très encourageante !

Il est clair que des changements majeurs sont à l'œuvre dans la conscience collective. Le voile qui obscurcit notre conscience est de plus en plus mince et, dans ce

---

1. Tiré de Éric PIGANI, *Channels, les médiums du Nouvel-Âge*, Paris, L'Âge du Verseau, 1989, p. 126.

contexte, le rêve s'avère pour chacun d'entre nous un outil des plus précieux.

Conclusion

Le périple au cœur des rêves prémonitoires est maintenant achevé. La vision scientifique de la prémonition a permis d'établir des bases de compréhension. Grâce aux récits de rêves provenant de gens comme vous et moi, de tout groupe d'âge, milieu et profession, il a été possible de constater que la prémonition n'est pas un phénomène exceptionnel ou isolé et qu'en fait nous faisons tous des rêves prémonitoires.

Au-delà des distinctions conceptuelles entre rêves prémonitoires issus de perceptions extrasensorielles (prémonition authentique) et rêves prémonitoires issus de perceptions subliminales (prémonition apparente), pour chacun d'entre nous, il est possible de retirer de l'une ou l'autre forme de prémonition les mêmes bénéfices, les mêmes avantages dans la vie de chaque jour.

L'information prémonitoire se manifeste à nous sous de multiples formes et scénarios de rêves ; parfois simple et directe, elle est sans équivoque ; d'autres fois, elle peut se révéler à l'aide d'images symboliques qu'il faut décoder.

Par ailleurs, certains rêves s'apparentent en tous points aux rêves prémonitoires mais n'en sont pas. Ils se révèlent, en fait, issus de désirs intenses ou de peurs. D'autres scénarios oniriques peuvent s'avérer des mises en situation virtuelles, non nécessairement liées à ce qui adviendra dans le futur. Le rêveur doit donc toujours exercer son discernement.

L'important à retenir est que cette information pré-monitoire ne constitue pas un diktat du destin, mais plutôt une probabilité de réalisation. De multiples facteurs sont toujours à l'œuvre, susceptibles d'influencer l'issue d'une situation prédite en rêve. Il nous appartient donc d'exercer notre libre arbitre et d'agir quand c'est possible de le faire. Évidemment, le rêve prédictif peut annoncer une situa-tion pour laquelle aucune intervention directe ne peut être entreprise. Mais nous ne sommes pas démunis pour autant : nous avons la possibilité de travailler mentale-ment sur la situation évoquée par le rêve en utilisant notre pensée créatrice. Si la situation prédite en rêve se réalise néanmoins, nous aurons eu l'avantage d'avoir été pré-venus et serons donc mieux préparés à faire face à ce qui surviendra dans notre vie.

Il est important de garder présent à l'esprit que, si les rêves prémonitoires issus de perceptions extrasensorielles sont souvent de forme dramatique à cause de notre préoc-cupation essentielle de survie, ceux issus du processus de logique inconsciente sont très souvent annonciateurs d'événements heureux. Ils s'avèrent des sources d'inspi-ration et de guidance exceptionnelles. Demeurer réceptifs et confiants est encore la meilleure attitude intérieure à cultiver.

Grâce à la méthode de compilation des rêves, il est possible de repérer ceux relatifs au futur, mais également d'explorer l'ensemble des rêves et des symboles person-nels. En fait, notre motivation première devrait être d'utiliser nos rêves d'abord et avant tout pour mieux nous connaître et bien vivre notre vie au présent. Si, de surcroît, nous développons notre habileté à saisir des informations issues de la mémoire du futur, nous n'en serons que davantage comblés ; le rêve dispense ses fruits en abondance.

Apprivoiser nos rêves est une aventure sans cesse renouvelée. Abordons-la avec une certaine légèreté de cœur et un esprit d'émerveillement. Vivons-la avec joie et enthousiasme, et non avec l'esprit inquiet qui ne cherche que sécurité et réponses rassurantes. Soyons attentifs au fait que nous fabriquons chaque jour nos futurs potentiels par nos pensées, ces germes créateurs, par nos paroles et par nos actions. En outre, gardons présent à l'esprit que c'est uniquement dans l'instant présent que peut s'exercer notre libre arbitre. Le rêve prémonitoire est un cadeau précieux, à nous de l'accueillir avec gratitude et de l'utiliser avec intelligence et discernement.

Bibliographie

BENDER, Hans *et al. La Parapsychologie devant la science,* Paris, Berg Balibaste, 1976.

BROCHKA, Karmina. *La Prophétie,* {*en ligne*}, www.eutraco.com/cristal/mag/pro.html (16 septembre 2004).

BROWNE, Sylvia. *Le Livre des rêves,* Varennes, Éditions AdA inc., 2002.

CLÉROUX, Marie-France et Ghislain TREMBLAY. *Le Futur vécu,* Boucherville, Éditions de Mortagne, 1979.

DAMIEN, Michel. *Le Savoir antérieur,* Montréal, Édition spéciale de Laffont Canada ltée, 1980.

DAMIEN, Michel et René LOUIS. *Les Extrasensoriels*, Paris, Tchou-Laffont, 1976.

DEMENT, W. et C. VAUGHAN. *Avoir un bon sommeil*, Paris, Éditions Odile Jacob, 2000.

DEVIVIER, Michel et Corinne LÉONARD. *Comprendre et interpréter vos rêves*, Paris, Jacques Grancher Éditeur, 1988.

DUMOULIN, Lucie et Léon René DE COTRET. Réseau Proteus. *Décès de Denise Roussel, pionnière du transpersonnel,* {en ligne}, www.reseauproteus.net/fr/actualites/nouvelles/fiche.aspx? doc=1998950400 (2 août 2004).

DUTHEIL, Pr Régis et Brigitte DUTHEIL. *L'Homme superlumineux,* Paris, Éditions Sand, 1990.

FLUCHAIRE, Pierre. *La Révolution du rêve*, Saint-Jean-de-Braye, Éditions Dangles, 1985.

GARFIELD, Patricia. *La Créativité onirique,* Paris, Éditions J'ai lu, 1997.

GAWAIN, Shakti. *Techniques de visualisation créatrice, la puissance de la pensée,* Paris, Éditions J'ai lu, 2004.

GRATTON, Nicole. *Les Rêves, messagers de la nuit,* Montréal, Éditions de l'Homme, 1998.

GRATTON, Nicole. *L'Art de rêver,* Montréal, Flammarion Québec, 2003.

GRATTON, Nicole. *Rêves et Symboles,* Loretteville, Éditions le Dauphin Blanc, 2003.

GRATTON, Nicole. *Mon journal de Rêves,* Montréal, Éditions de l'Homme, 1999.

GROF, Stanislav. *Psychologie transpersonnelle,* Monaco, Éditions du Rocher, 1996.

JUNG, Carl Gustav. *L'Homme et ses symboles,* Paris, Robert Laffont, 1964.

LACHANCE, Laurent. *Les rêves portent conseil, guide d'interprétation,* Montréal, Éditions de l'Homme, 2000.

MABY, Pascale. *Le Dossier des prophètes, voyants et astrologues,* Ottawa, Éditions La Presse, 1975.

PASQUIET, Catherine et Michel FROMENT. *Les Pouvoirs des voyants ou la vie d'avance,* Paris, Éditions Tchou, 1978.

PIERCE, Penny. *Les rêves pour les nuls,* Paris, Éditions Générales First, 2001.

PIERRE, J. et M.-C. JACQUET. *Inexpliqué, le monde de l'étrange et du mystère,* vol. 5 et 6, Québec, Éditions Grolier limitée, 1983.

PIGANI, Éric. *Channels, les médiums du Nouvel-Âge,* Paris, L'Âge du Verseau, 1989.

PIGANI, Éric, Institut Métapsychique International. *La Télépathie,* {en ligne}, www.imi-paris.org/telepathie. php3 (15 avril 2004).

PIGANI, Éric. Institut Métapsychique International. *La Précognition,* {en ligne}, www.imi-paris.org/précognition. php3 (15 avril 2004).

PIGANI, Éric. Psychologies.com. *Rêves prémonitoires : notre don caché,* {en ligne}, www.psychologies.com/cfml/article/c_article. cfm ?id=2059 (27 avril 2004).

PRÉMONT, Henri. *Mieux comprendre ses rêves par la parapsy-chologie*, Agnières, JMG Éditions et Henri Prémont, 2002.

RADIN, Dean. *La Conscience invisible, le paranormal à l'épreuve de la science*, Paris, Presses du Châtelet, 2000.

RÉDACTEURS des Éditions Time-Life. *Les Secrets du subconscient*, Amsterdam, Éditions Time-Life, 1994.

REED, Henry. Association for Research and Enlightenment. *Perception extrasensorielle et phénomènes psychiques*, {en ligne}, www.edgarcayce.org/en_francais/esp.html (15 février 2004).

RENARD, Hélène. *Les Rêves et l'au-delà*, Paris, Édition du Félin, 2001.

RENARD, Hélène et Isabelle GARNIER. *Les Grands Rêves de l'Histoire, hasard ou prémonition ?* Neuilly-sur-Seine, Éditions Michel Lafon, 2002.

ROUSSEL, Denise. *Le Tarot psychologique, miroir de soi*, Boucherville, Éditions de Mortagne, 1983.

RYBACK, David et Letitia SWEITZER. *Les Rêves prémonitoires, comment les interpréter*, Paris, Éditions Sand, 1990.

SALVATGE, Geneviève. *Décodez vos rêves*, Paris, Éditions Presses Pocket, 1992.

SEGERS-SALVATGE, Geneviève. *Le Guide du rêveur*, Paris, Éditions Arista, 1989.

STARR, Fiona et Jonny ZUCKER. *Le Grand Livre des rêves*, Paris, Albin Michel, 2002.

TALAMONTI, Léo *et al.* « L'avenir dans les rêves », *Les Pouvoirs des voyants ou la Vie d'avance*, Paris, Éditions Tchou, 1978.

TEILLARD, Ania. *Ce que disent les rêves, le symbolisme du rêve*, Paris, Éditions Stock, 1944 (1970, 1979).

THURSTON, Marc. *Edgar Cayce, les rêves, réponses d'aujourd'hui aux questions de demain*, Ottawa, Éditions de Mortagne, 1994.

TOCKET, R. *Les Pouvoirs mystérieux de l'homme*, Montréal, Presses Sélect, 1980.

VAN DE CASTLE, Robert L. *Our Dreaming Mind*, New York, Ballantine Books, 1994.

La parapsychologie, définitions. La parapsychologie scientifique, {en ligne}, http://psiland.free.fr/parapsy/psi sci.html (19 avril 2004).

Les rêves télépathiques et prémonitoires, {en ligne}, http://pages. infinit.net/aum/telepathique.html (15 avril 2004).

À propos de l'auteur

Titulaire d'un baccalauréat en criminologie, Carole Fortin a d'abord œuvré pendant quelques années en milieu carcéral et au Service des Libérations Conditionnelles. Après une formation de trois ans au Laboratoire de Police Scientifique, elle a ensuite fait carrière en expertise judiciaire de documents manuscrits et a agi en tant que témoin-expert dans les différentes cours de justice du Québec.

Après un virage professionnel, elle a acquis une formation en massothérapie, en travail énergétique et en soins palliatifs. Ces dernières années, elle a œuvré principalement dans l'accompagnement auprès des personnes mourantes, en suivi de deuils et dans le domaine des rêves.

Parallèlement, depuis les 25 dernières années, elle a constamment investigué les différents champs d'application de la parapsychologie, et en fait, de tout domaine relié à l'expansion de la conscience et à la croissance personnelle. C'est dans cette même vision qu'elle a complété, il y a quelques années, sa formation d'animatrice certifiée de l'École de Rêves Nicole Gratton.

Elle agit maintenant en tant que conférencière et anime des ateliers sur les rêves. Elle offre également ses services à titre de consultante à tous ceux qui souhaitent explorer leurs rêves, cette voie d'accès à la sagesse intérieure.

Carole Fortin est membre de l'ASD (*Association for the Study of Dreams*).

Dans le but de nous aider à poursuivre nos recherches, toute personne qui expérimente des rêves prémonitoires, télépathiques ou d'autres rêves parapsychiques est invitée à communiquer le récit à l'adresse suivante :

info@carole-fortin.com

Veuillez référer à notre site Web :
www.carole-fortin.com

Table des matières

TABLEAU 5 - Exemple de la grille mensuelle
de compilation des rêves remplie 174

La relecture 178

TABLEAU 6 - Travail sur les rêves en trois temps 180

Le facteur temps dans les rêves 181

Postulats et incubation de rêves prémonitoires 182

Choisir et programmer ses propres symboles prédictifs . . 187

8 • La mémoire du futur 189

Notre mémoire serait multidimensionnelle 189

Mémoire du passé et mémoire du futur...
des jumelles identiques ? 190

Le voile de l'oubli 192

Conclusion 195

Bibliographie 199

À propos de l'auteur 203